CHRONOS

David Salcedo Rodríguez

Brillando en la oscuridad

Somos los Héroes de nuestra historia

© 2025 **Europa Ediciones** | Madrid

www.grupoeditorialeuropa.es

ISBN 9791256961184

I edición: agosto del 2025

Curador: Diego Fortunato

Distribuidor para las librerías: **CAL Málaga S.L.**

Impreso para Italia por *Rotomail Italia S.p.A. - Vignate (MI)*

Stampato in Italia presso *Rotomail Italia S.p.A. - Vignate (MI)*

Brillando en la oscuridad

Somos los Héroes de nuestra historia

Dedico esta Obra Vital de mi ser, reflejada en el matiz del existir y Plasmada en este lienzo, a ti, mi Madre, Reina de las Sombras, cuyo amor inconmensurable y fuerza ancestral han iluminado mi vida en los momentos más oscuros. Tu resiliencia y ternura han sido el faro que guio mis pasos cuando todo parecía perdido. Has sido guía, sostén y universo, y en tu abrazo siempre hallé la certeza de seguir. Esta obra vital, esta ofrenda de palabras, nace también de ti y para ti.

A mis tres primas —Dámaris Ruiz Guerrero, María Salcedo Moles y Sarita cabuchola Salcedo—, tejedoras de ternura, fuerza y magia. Su presencia ha sido ancla, esperanza e inspiración; cada una de ellas, luz distinta en el firmamento familiar que me ha sostenido y acompañado en esta travesía del alma.

A EneiRa, mi Madrina, Hermana, compañera y Maestra en la senda Masónica. Tu guía ha sido columna y sostén en los templos interiores, reflejo de sabiduría iniciática y amor fraternal. En ti hallé la mirada serena del Oriente y la firmeza de quien conoce el sendero de la Luz.

A Ammonio Sakkas, mi Hermano Mellizo de Iniciación. Desde el crisol del Primer Secreto compartido, nuestras almas entrelazaron sus símbolos. Eres testigo y reflejo de mi despertar; en ti reconozco el guardián del Templo Interno, la voz del Silencio y el eco del Compromiso Sagrado.

A Puskas, Yummi y Shadowprincess, almas extraordinarias que el destino puso en mi camino a través del Mobile Legends Bang Bang. En la diversidad de sus espíritus encontré una tribu inesperada. Entre batallas, risas y noches infinitas, me enseñaron que la conexión verdadera también habita en los reinos virtuales y puede transformar lo cotidiano en épico; lo épico en Leyenda y sentirme Apoyo recorriendo las líneas en común.

A Helena. M, Laura Bergés, E. Rodrigo y M. De la Vega. Su presencia ha sido faro invisible, inspiración silenciosa y escudo protector en mis momentos de tránsito. A ellas, mi agradecimiento eterno por acompañar desde lo profundo este caminar entre la vida profana y el despertar del alma.

A EkoH, ser celestial que llegó cuando todo parecía incierto. Tu amistad ha sido un bálsamo, una revelación y un abrazo cósmico. Incluso en los momentos más difíciles, recordaste a mi alma que la luz de la amistad puede iluminar el camino hacia la esperanza.

A Diego, cuyo arte y dedicación insuflaron vida a estas páginas. Gracias por transformar mis recuerdos en un poema de palabras vivas. Tu labor ha sido puente, impulso y abrazo editorial que dio forma a esta travesía.

Y a todas las almas que han cruzado mi sendero, dejando una huella imborrable en el tejido de mi existencia, les doy las gracias por ser parte de mi mundo, por compartir mi viaje y por recordarme la belleza y el milagro de la vida en cada momento. Que esta historia sea un tributo a su amor, su bondad y su eterna presencia en mi corazón.

El bosque está en llamas, y, mientras todos los animales huyen para salvar su pellejo, un colibrí recoge una y otra vez agua del río para verterla sobre el fuego.

—¿Es que acaso crees que con ese pico pequeño vas a apagar el incendio? —le pregunta el león.

—Yo sé que no puedo solo —responde el pajarito—, pero estoy haciendo mi parte.

La parábola del colibrí, Herbert José «Betinho» de Souza

Prólogo

Caminando se hace camino

Hoy me siento radiante, feliz y todo me viene de corazón, porque estoy preparado. Estoy preparado para afrontar la vida sin pensar en los obstáculos que llegarán. Porque ahora entiendo que, en el momento en que la vida me resalte un punto negativo, es para enseñarme en qué me estoy equivocando. La equivocación incompleta lleva al fracaso, pero la equivocación completa es la que refuerza la positividad. Al percibir el error como parte del aprendizaje, entendemos que el viaje que espera siempre será positivo. Sé que ahora estoy preparado para afrontar el desafío que el destino me marca. Estoy preparado para engrandecer el conocimiento, la experiencia, la personalidad. Estoy preparado para ir a conocer nuevas aventuras, los retos del camino. Hoy no tengo dudas de ello, porque hoy no dudo que la felicidad de la persona, mi felicidad, no se basa en buscar el éxito social, el afán de tener una visión subjetiva de la vida, sino que se basa en la búsqueda de la máxima expresión del ser.

No es el momento de sentir, sino de hallar el yo superior y entenderlo de modo fraternal, porque, al fin y al cabo, en eso ha desembocado el paso de mis contracciones y expansiones, de aprender a reflexionar, aprender a compartir experiencias, aprender, no sé si de los demás, pero sí que ellos aprendan de mí, porque si sigo el camino que está marcado para mí, el mundo cambiará.

Me conozco, pero no sé quién soy en realidad; empiezas a conocer tu persona cuando comprendes que ni tú mismo imaginabas quién serías en el futuro.

Ayer sentí orgullo de mi fuerza interna, hoy me siento orgulloso de mis logros, mañana no sé qué me deparará; lo que sí, sé del mañana es que la fraternidad ha de entenderse como la simbiosis entre el ser racional y el ser interior. Esto es como la física cuántica, no tiene límites.

Me siento orgulloso de mis pasos, y aunque muchos han sido erróneos, he aprendido de ellos y eso es lo que hoy me ha hecho ser como soy: fuerte, intuitivo, luchador y, sobre todo, feliz.

1

Tejido por las Estrellas:
El misterio de las almas
que Conspiran para Nacer

La vida de un hombre empieza mucho antes de nacer. Las acciones, los movimientos, las casualidades de las vidas que nos precedieron y son fundamentales para nuestra existencia, se ponen en marcha, conspiran, se conjuran para crear encuentros, ilusiones, avatares, desencuentros. Todo parece confabularse para que dos extraños coincidan, se miren a los ojos en silencio, quizás se eviten, quizás se sonrían con timidez para más tarde decirse unas primeras palabras. Esas primeras palabras pueden significar poco para la vida que crearán, para la energía primaria que de cierta manera los sobrevuela, los atrapa y los une cada vez más. Pero esas frases sueltas, esas palabras inocuas, simples, superficiales o cabales, son al mismo tiempo una primera señal, un primer impulso que permitirá la unión y que, a la postre, engendrará una vida.

Mi madre tenía poco más de veinte años. Trabaja por temporadas en diferentes hoteles de Cataluña. Era, según me han contado, una mujer inquieta y rebelde. Las jornadas laborales durante el verano eran largas y cansadas. Quizás nada en aquellos días calurosos, brillantes, en donde la sal del mar se siente en las bocas, sobre la piel, entre las calles atestadas de turistas, anticipaba que iba a conocer al hombre que se convertiría en mi padre. Pero las cosas, como decía, pasan por una causa secreta, predeterminada.

Era un día más, un día como cualquier otro de aquel verano. Lo cierto es que la primera vez que vio a ese hombre a mi madre no le gustó. Me lo contó mucho tiempo después, y yo casi podía recrear en mi imaginación el movimiento de la gente, los olores de los bares, el sonido de las olas de aquel lejano verano en que todo sucedía. En ella hubo un rechazo natural, vamos, que no era su tipo. Pero algo, como escribí más arriba, los conjuraba, los unía, los atraía secretamente. Me gusta pensar que ese «algo» era una energía, y que esa energía era yo que, de una manera u otra, estaba destinado a nacer, a venir a esta tierra para cumplir con un propósito. No obstante, la unión todavía demoró un poco.

Mi padre se acercó a mi madre. La invitó a salir y ella, sin dudarlo un instante, se negó. Pero él siguió insistiendo, la piropeaba y la trataba de convencer para que aceptara, con testarudez. Ella, sin embargo, seguía inamovible en su posición: no quería saber nada de él. No solamente porque no fuera su tipo, sino porque por aquellos años él tenía pareja y mi madre no estaba dispuesta a pasar su tiempo con un hombre comprometido con otra mujer.

Siguieron coincidiendo a lo largo de diferentes temporadas. «Era un chulo de playa, nada que ver», recuerda mi madre. Y parecía que aquello iba a quedar ahí, sin más. Pero las coincidencias, los azares, esa energía de la que hablé, la conspiración del universo que parecía mover todos los engranajes y el mecanismo secreto de sus formas, seguían confabulándose para que ellos finalmente se entendieran.

El verano de 1986, quien se convertiría en mi padre se acercó a mi madre y le dijo que había dejado a su pareja.

El tiempo había pasado y mi madre fue cediendo. No sé si fue el carisma de mi padre, la simpatía, las largas jornadas de trabajo bajo el verano abrasador de la costa de Cataluña, o, sencillamente, el destino, pero mi madre poco a poco comenzó a notar a mi padre de otra forma. Se acercaron cada vez más, se gustaron, se besaron. Empezaron a salir en secreto y otra pieza del cosmos, en ese pequeño rincón del mundo, en Tarragona, encajó a la perfección.

No tengo demasiada información sobre la relación sentimental de mis padres. Sé que estuvieron juntos cerca de tres años (dos de los cuales mantuvieron la relación a distancia, a través de cartas de amor, pues mi padre estaba haciendo la mili). Mi madre siempre fue reticente a hablar de él. Tampoco me he interesado demasiado por los detalles. Lo que sí, sé, es el momento preciso en que me concibieron. Lo sé gracias al relato de mi madre, un episodio que casi puedo recordar como si lo hubiera vivido (por más que esto sea imposible). Era principios del verano del año de 1988. La vida por entonces era muy diferente a la que conocemos hoy en día. Todo era más sosegado, más tranquilo; no había móviles, ni redes sociales, la información viajaba con más lentitud y de cierta manera todo tenía un lugar mucho más tangible y definitivo dentro del mundo. Mis padres, luego de una larga jornada de trabajo, caminaron por la costa, conversaron y finalmente fueron a un pinar, una hermosa montaña desde donde se veía parte de la costa y el cielo, imponente, ya casi completamente oscuro, en donde se empezaban a agolpar cientos de nubes gordas, grises, que presagiaban una gran tormenta. Siguieron conversando en el pinar mientras miraban el espectáculo de la naturaleza, la fuerza del mar a lo lejos y las inmensas nubes, fascinantes, ubérrimas. Esa tarde, a cielo abierto, en el pinar, una noche de tormenta que mi madre siempre recordaría, me concibieron.

—La noche era fresca, sin llegar a ser fría —me cuenta mi madre—. Las nubes estaban cargadas de agua, era tremendo. Recuerdo perfectamente que en el cielo se dibujaban cientos de rayos azules. Era un espectáculo maravilloso. Durante todo el tiempo que compartí con tu padre, el cielo parecía escribir con unos caracteres secretos, algo indescifrable. Lo recuerdo con mucha claridad: rayos azules, rápidos, viajando por el cielo de Cataluña. Bajo ese cielo te concebimos, David. Por eso siempre he creído que eres un niño de las estrellas.

Así me decía mi madre cuando era pequeño: «Niño de las estrellas». Y no solamente por ese particular momento en que me concibieron, con el dibujo más profundo de la naturaleza garabateado en el cielo, sino por lo que he dicho anteriormente: parecía que todo se conjugaba para que yo viniera al mundo. No era una exageración. Y esto se haría mucho más patente un poco más adelante.

Aquel verano de 1988 continuó como cualquier verano: largas jornadas, calor, mucho trabajo. Pero unos meses después, cuando mi madre descubrió que estaba encinta, las cosas empezaron a cambiar.

Lo primero que hizo, por supuesto, fue hablar con mi padre. Él, sin ningún tapujo, le dijo abiertamente que no quería saber nada del embarazo ni de mí y que no estaba dispuesto a tomar ninguna responsabilidad al respecto. Mi madre, una joven a las puertas de la vida, propuso el aborto. Pero aquello causó un efecto extraño en mi padre. Y, sin dar demasiadas explicaciones, se negó rotundamente a tomar esta opción. Era extraño. Por una parte, no quería tomar ninguna responsabilidad, pero al mismo tiempo rechazaba tajantemente el aborto.

—Ese niño tiene que nacer. ¿Me escuchas, Dori? Tiene que nacer —decía mi padre, decidido, ofuscado.

¿Por qué esta actitud? Me lo he preguntado muchas veces. Y no me lo he podido responder de otra manera que intuyendo que, en efecto, yo debía nacer. *¿Por qué? ¿Para qué?* Siempre he sentido que tengo un propósito en la vida, algo importante por lo que nací y por lo que debo trabajar. Es algo que iré explicando y se irá descubriendo poco a poco en estas páginas. La respuesta de mi padre, la testarudez, no eran sino una confirmación de este sentimiento. Todos, de cierta manera, somos un héroe, todos tenemos un propósito; yo siento y he sentido desde siempre, y con total claridad y autenticidad, que soy el héroe personal de mi historia. Y si bien siendo muy niño todavía estaba lejos de descubrir mi propósito, este sentimiento imperaba en mí y me impulsaba. Pero al mismo tiempo no deja de ser cierto que el sentimiento de heroicidad personal, de propósito por cumplir, a lo largo de mi vida muchas veces estuvo marcado por profundas contradicciones. Pero ya llegaremos a ello.

—Ese niño tiene que nacer. ¿Me escuchas? Debe nacer, Dori —repetía mi padre obstinadamente.

Entonces mi madre, bañada por su propia historia —siempre había sido una mujer con historia—, rechazó la idea del aborto. A tan temprana edad —tenía poco más de veinte años, repito— tuvo el valor y coraje de crear en su vientre una esperanza, un camino que marcaría la historia de su vida y la de muchas otras personas.

Tengo muy viva en la memoria la figura de mi madre cuando era niño. Tenía una belleza particular y poderosa que refulgía de todo su ser y que solamente yo veía. Me parecía que poseía una luz propia que emanaba de todo su cuerpo. Ella siempre supo —me lo dijo muchas veces— que su hijo era especial. Sabía que aquel que provenía de su vientre tenía un destino diferente al suyo, que luego, con los años por venir, descubriría solitario y gris, lleno de amargura y llanto.

—Tú tendrás un destino diferente —me contaba muchos años después de aquel verano de 1988 en que me llevaba en su vientre—. Vienes de una historia antigua. Una historia que espera un final.

Todos los engranajes parecían encajar definitivamente, concentrarse, confabularse.

Con la idea del aborto descartada definitivamente y con el rechazo tajante de mi padre para hacerse cargo de nosotros, mi madre decidió ir a contarle a mi abuela Enriqueta —una de las figuras más importantes en mi vida, si no la más importante— sobre el embarazo. Eran tiempos diferentes, repito, y la primera reacción de mi abuela fue de asombro, de incredulidad, de molestia. Insultó cruelmente a la hija y la tachó de guarra y de ligera.

—Yo no quiero saber nada de ese niño que llevas en tu vientre. No quiero responsabilizarme ni tener nada que ver al respecto. Fue tu decisión y ahora tú eres la única responsable —gritó entonces, tan tajante como mi padre.

Mi madre se encontró completamente sola. Siguió trabajando, llena de dudas, miedo e incertidumbre. Los días eran largos. No sabía qué iba a hacer. La idea de convertirse en una madre soltera a finales de la década de los ochenta era aterradora; entonces no era tan común encontrarse con mujeres valientes y decididas que estuvieran dispuestas a traer a un niño al mundo completamente solas. Como si todo este naufragio de emociones y sentimientos fuera poco, no mucho tiempo después mi madre descubrió que mi padre nunca había dejado a la pareja, le había mentido. Se había valido de una artimaña simple, pero efectiva para hacerle creer que era soltero: le mostró unas cartas en donde mi madre leyó sobre la ruptura. Pero, por supuesto, las misivas eran falsas. Mi padre, artero, «chulo de playa», tal como lo había definido mi madre con tanta precisión y concisión, era un experto en este tipo de prácticas.

Quizás mi padre pensó que se había librado completamente de la responsabilidad en ese momento. Pero mis tíos, al enterarse del embarazo de su hermana, decidieron ir a hablar con él. Lo enfrentaron abiertamente y lo amenazaron.

—Vas a tener que hacerte cargo de nuestra hermana. ¿Lo comprendes? Es tu responsabilidad. Y no vamos a aceptar un no como respuesta —dijeron mis tíos.

Yo me los imagino conversando al final de ese mismo verano de 1988, en una calle vacía, al atardecer, cerca de la costa, con un viento fresco que presagia el otoño y barre papeles de periódicos, viejos billetes de feria, envolturas de chuches, como si con ello, por una parte, se anunciara el final del verano, pero al mismo tiempo fuera el símbolo de la vida que siempre está en transformación y en un constante e incesante movimiento.

No puedo saber si sucedió exactamente así, pero tampoco es importante. La imaginación, la ficción, muchas veces entra en los terrenos de la realidad y eso que imaginamos toma una consistencia más tangible y real que la realidad misma. No es sencillo de explicar, pero en todas las vidas hay muchas partes (a veces partes fundamentales) de ficción. Contar una vida, las vicisitudes, alegrías, desencuentros, amores, éxitos y fracasos es una forma de la memoria, y la memoria es una recreación, un hacer de nuevo.

—¡No te hagas el chulo! Vas a tener que hacerte cargo de nuestra hermana —repitió entre gritos uno de mis tíos.

Y entonces mi padre, dubitativo, nervioso, confundido, contestó:

—Está bien... Está bien... Me haré cargo de Dori. Pero lo voy a hacer por obligación, no por amor.

Cuando mi madre conoció la respuesta de mi padre, fue ella quien se negó a estar con alguien en estas condiciones.

—Yo no quiero estar con nadie si no es por amor — dijo.

Y no le faltaba razón.

Nunca llegué a entender por qué mi madre no hablaba de mi padre. Nunca mencionó su nombre, tampoco cómo era o qué le gustaba y disgustaba. Solamente creía que él había sido un cobarde, pues, al verse al borde de la responsabilidad de ser padre, tomó la decisión de irse para no volver. Abandonó sin ver para atrás a una mujer que engendraba un hijo suyo en las entrañas. Un hijo, insisto con esto, que él quería que naciera. La contradicción en mi progenitor era tremenda. La verdad es que para mí mi padre nunca fue algo significativo. En el fondo, yo ya lo he perdonado. Ya hace mucho tiempo superé el rencor que albergaba adentro de mí. Me parece que al tomar la decisión que tomó me hizo comprender que él no debía ser mi padre. Mi familia siempre lo ha rechazado por aquella decisión, pero yo jamás experimenté ningún tipo de rencor u odio hacia ese personaje; no lo conocí y lo único que siempre sentí hacia él fue una absoluta e inenarrable compasión.

¿Por qué compasión? ¿Por qué precisamente este sentimiento hacia una figura borrosa, lejana, ausente? ¿Por qué sentir algo hacia alguien que no es parte tangible y cabal en tu vida? Me hice este tipo de preguntas durante mucho tiempo. Me atormentaba tratando de indagar en mi interior, buscando una respuesta a todas estas incógnitas. No lo comprendía, pero al mismo tiempo sentía que estas circunstancias habían pasado, y estaban pasando, por un motivo secreto.

¿Por qué compasión? Me obstinaba una y otra vez con la misma pregunta. Era más lógico y coherente sentir odio, rencor, rabia, dolor… Pero no era capaz de experimentar ninguno de estos sentimientos. En mí, hacia mi padre, solamente había una profunda compasión. Con el tiempo comprendí que este sentimiento, que tenía dentro desde muy niño, se explicaba porque la función que tenía ese personaje en mi historia ya había sido cumplida. Me había engendrado junto a mi madre. Eso era todo. Y aquí estoy yo. Le compadezco, sí, porque decidió no compartir mi viaje, porque desde un primer momento se negó irracional y tercamente a conocerme. No importa. Así tenía que ser. Lo acepto y lo compadezco.

Muchas formas secretas, muchas casualidades, muchas variantes y decisiones hacen que dos personas se conozcan, coincidan, se miren, se hablen, se amen y, muchas más, insondables, profundas, imponderables, son necesarias para formar una vida. Cada vida, cuando comprendemos esto, es un milagro. Y cada historia es tan milagrosa como las partes disímiles y en apariencia lejanas que se unieron para conseguirla.

Nací a las puertas de la primavera de 1989 y esta es la historia de mi vida, la historia de un propósito, una búsqueda, una lucha, un descubrimiento.

2

La luz Silenciosa:
Origen de mi existencia y del destino

En el capítulo anterior dije que mi abuela materna es una de las figuras más importantes en mi vida. No exageré. Ella fue mi fuerza, mi guía, mi confidente, mi inspiración. Me llenó de amor, de comprensión y de ternura en momentos muy difíciles que viví desde muy temprana edad. Mi abuela era una mujer con un alma bondadosa. Había criado a ocho hijos y enviudó con solamente treinta y nueve años. En el alma de mi abuela no había lugar para la maldad. Fue una mujer entregada, sacrificada, que a pesar de su avanzada edad y su delicada situación jamás se rindió, siempre siguió adelante, aun con toda la carga de oscuridad que le tocó vivir. Era condescendiente, amable y sutil. Poseía una fuerza extraordinaria, fuerza que hacía temblar el mundo entero con su generosidad. En la medida que crecía junto a ella y pasaban los años a mí, se me antojaba que aquella bondad se reflejaba principalmente sobre su rostro, sobre la tez delicada, como una constatación tangible de su visión del mundo. Mi abuela Enriqueta, en pocas palabras, fue un ser de absoluta pureza y humildad. Ella, para mí, es el origen de todo.

Como expliqué más arriba, cuando mi abuela se enteró del embarazo de mi madre, su primer impulso fue rechazarla, negar la situación, no quería ninguna responsabilidad, por lo que pensaba que había sido un error de su hija, todavía demasiado joven para estar encinta. Pero en el momento en que nací, el 11 de marzo de 1989, todo aquello dio un vuelco. Mi abuela me contaba que, al verme, comenzó a amarme total e incondicionalmente.

—Cuando te vi me dije: ¿qué culpa puede tener esta criatura que vino al mundo de lo que su padre y su madre hicieron? —me decía mi abuela, con su voz llena de ternura.

Fue nacer e inmediatamente ella, cogiéndome en brazos, tomó la responsabilidad y se hizo prácticamente cargo de todo. Mi abuela fue quien me crio.

—Fuiste mi noveno hijo —me dijo muchas veces, y lo decía sinceramente, con amor y con honestidad.

En casa éramos tres, mi madre Dori, mi abuela Enriqueta y yo. Por supuesto, yo no tengo recuerdos precisos de mis primeros años de vida. Todo lo que sé es lo que me contaron. Me imagino que esta etapa de mi vida fue común, sin demasiados sobresaltos, más allá de los problemas cotidianos que cualquier familia puede tener, y que seguramente se incrementarían en una casa con una madre soltera. Mi madre dejó de trabajar en los hoteles de la costa después de mi nacimiento. Pero mi abuela Enriqueta, sí, siguió trabajando durante las temporadas de verano (era la gobernanta de uno de los grandes hoteles de la región, encargada de toda el área de limpieza), por lo que buena parte de mis primeros años de vida en casa estábamos solamente mi madre y yo. Para el momento de mi nacimiento, mi abuela rondaba los cincuenta y cinco años, pero su fuerza y voluntad de trabajo no se habían visto mellados en lo más mínimo.

Nuestra familia es muy unida. Una gran familia cuyo centro era mi abuela Enriqueta, alrededor de la cual gravitaban sus ocho hijos, los yernos, los nietos, los sobrinos. En las reuniones familiares siempre nos reuníamos los tíos y los primos y tengo muchos recuerdos de estos momentos, todos alrededor de una mesa, conversando y compartiendo.

Mi madre me contó que, durante los primeros años de mi vida, siempre tuvo la esperanza de que mi padre reapareciera. Mantenía vivo el deseo de reiniciar una relación con él y que a partir de ese momento todo fuera distinto. Creía que tarde o temprano daría señales de vida y se interesaría por nuestras vidas, sobre todo por mí, su hijo, fruto de la relación que mantuvieron hasta el verano de 1988, en el escenario de aquella noche de tormenta en el pinar, bajo los rayos azules que dibujaban formas maravillosas sobre el cielo encapotado de la costa de Tarragona. Pero lo cierto es que mi padre no volvió. Parecía habernos olvidado completamente, parecía habernos borrado de su memoria y de su pasado. Para él, sinceramente, era como si nosotros no existiéramos. La verdad es que yo, por aquel entonces, siendo un niño, tenía el deseo de tener un padre. Era natural. Veía a mis primos y a mis compañeros del colegio con sus padres y constantemente me preguntaba por qué yo no tenía uno. El deseo estaba ahí, es cierto, pero era un sentimiento nacido desde la ingenuidad y la incomprensión de un niño. Pero lo cierto, la verdad desnuda, era que él no estaba presente ni lo estaría. Cuando mi madre comprendió y aceptó que mi padre no volvería, que no se interesaría por nosotros jamás, empezó nuestra tragedia.

Yo tenía seis años cuando mi madre intentó suicidarse por primera vez.

Siempre, hasta ese momento de mi vida, yo había dormido con mi abuela o con mi madre. No sé explicarme los motivos. Pero me sentía solo y angustiado cuando no dormía con ellas. No lo podía soportar, lloraba sin parar, necesitaba sentirlas cerca.

Una mañana idéntica a cualquier mañana me desperté junto a mi madre. Era un día de semana y debía ir al colegio, así que intenté despertarla.

—Mama, mama, debo ir al cole, mama, ¿me escuchas?

El recuerdo está muy vivo en mi memoria. Mi madre estaba tumbada sobre la cama, inmóvil, y no me respondía. Repito que yo tenía solamente seis años; en ese momento no era capaz de comprender lo que estaba sucediendo a mi alrededor. Para mí mi madre estaba dormida, sin más.

—Mama, mama, tengo que ir al cole —le decía mientras la jaloneaba del brazo, de la bata de dormir, sin recibir ninguna respuesta.

Era muy temprano por la mañana. Mi abuela por entonces estaba en una de aquellas largas ausencias laborales. En el piso no estábamos más que mi madre y yo. No sé si me di cuenta en ese momento o lo había notado desde el principio, pero sobre la cama encontré varios frascos de pastillas abiertos. Había píldoras por todos lados, entre las sábanas, en el suelo; también había recipientes grandes, medianos, pequeños. Todo estaba puesto ahí como una señal de alarma, pero el candor y la ingenuidad de un niño no era capaz de comprender lo que sucedía, de unir las piezas. Un poco más lejos, sobre la mesa de noche, descubrí una botella de licor de manzana y un vaso vacío. Desde la ventana entraba un poco de luz de la incipiente mañana como para iluminar mejor la escena, como para que quedaran grabados con más fuerza en mi memoria los fragmentos terroríficos. En ese momento noté el olor del licor de manzana, era dulzón, almizclero, fuerte, penetrante, envolvente, vomitivo. Nunca he podido olvidar ese olor. Hoy, casi treinta años después, si acerco a mis narices licor de manzana inmediatamente me invaden arcadas. No lo puedo evitar. Es más fuerte que yo. Ese olor ha quedado pegado en mi memoria como una marca indeleble de la escena traumática.

Todo estaba ahí, en desorden, sobre la cama, en el suelo, en la mesa de noche, iluminado por los lechosos rayos de sol de ese día de cole. Todo estaba ahí, sí, gritando la alarmante situación; pero yo, repito, era incapaz de comprender, de unir las piezas del dramático rompecabezas, de descifrar las señales. Por eso, sin entender los motivos por los que mi madre no me contestaba, me vestí, cogí la mochila y salí a la calle, dispuesto a ir para el colegio.

Ya en la calle tuve mucha suerte de cruzarme con mi tía Conchi y mi tía Cristina. Estaban con mis primos, más o menos de mi edad. Se extrañaron al verme solo y me preguntaron por mi madre.

—¿Qué haces aquí solo, David? ¿Dónde está la mama?

Yo conté lo que había visto, con naturalidad, sin miedo, como si aquello no fuera alarmante. Dije que mi madre seguía en la cama, que no respondía, que intenté despertarla, que entre las sábanas y en el suelo había frascos de pastillas, algunas píldoras, que en la mesa encontré un licor de manzanas y un vaso, que no respondía, insistí, que había intentado muchas veces despertarla.

Mis tías, al escucharme, no pudieron disimular las señales de alarma que se dibujaban sobre sus rostros. La escena rápidamente se tornó brusca e inquietante. Mi tía Conchi, hablando rápidamente, comiéndose las palabras, dijo a mi tía Cristina:

—Llévate a los niños al cole, rápido, yo voy a llamar a la ambulancia y me voy para la casa de Dori a ver qué sucede. No te demores. Cuando dejes a los niños te vas para allá. ¡Corre! ¡Rápido!

Las últimas palabras de mi tía Conchi se perdieron al final de la calle, en donde desaparecía a toda carrera. Al mismo tiempo, mi tía Cristina nos jaloneaba a mis primos y a mí en dirección al colegio. Algo había pasado. ¿Lo pensé en ese momento por primera vez? Seguramente sí. Pero todavía no podía estar seguro de nada. Todavía no comprendía nada. A partir de ese día, sin embargo, empezó el infierno de mi infancia.

Después de aquel primer intento suicidio no vi a mi madre durante cinco meses. Estuvo internada todo ese tiempo, controlada por especialistas, reponiéndose. Mi abuela y mis tíos me explicaron lo sucedido, lo explicaron con las frases con las que se puede hablar a un niño sobre estos temas, quizás modelando un poco la realidad, matizando ciertas oraciones, eligiendo cuidadosamente las palabras. La verdad es que a los seis años entendía la situación, pero al mismo tiempo no la entendía. Necesité muchos años, muchas horas de meditación, de introspección, de elucubraciones, para finalmente comprender en su totalidad lo que había sucedido y por qué sucedía.

Los siguientes años fueron un suplicio, un verdadero trauma infantil. Desde entonces mi madre se intentó suicidar al menos tres veces cada año. Todos los recuerdos de este período de mi vida están marcados por los intentos de suicidio, por las largas ausencias mientras estaba en recuperación en los psiquiátricos, por las mismas palabras de consolación, de incredulidad, de esperanza, de mi abuela y mis tíos, y, sobre todo, por las cartas manuscritas que dejaba mi madre a mi abuela Enriqueta y a mí antes de cada nuevo intento de quitarse la vida. Eran cartas personales, llenas de cariño, de despedidas, de justificaciones, de amor.

Tantos episodios, tan duros y repetitivos, provocaron en mí una madurez precoz. A partir de entonces no tuve una infancia bonita ni divertida. En las reuniones familiares nunca estaba con mis primos, jugando y disfrutando, siempre estaba sentado en la mesa junto a los mayores, serios, circunspectos, enredados con el humo de los cigarrillos. Elegía la compañía de los mayores porque quería saber todo lo que pasaba con mi madre. Cada información, cada avance, para mí, era precioso y necesario. No podía abstraerme. No podía pensar en otra cosa. Mi vida se convirtió en mi madre; en su situación; en las frases y palabras de las cartas de despedida que se repetían una y otra vez en mi memoria; en los momentos en que ella volvía a casa; cuando volvía a recaer; cuando aparecía una nueva carta y empezaba una nueva mañana o tarde espantosa. Esa era mi vida. Un ciclo de terror. Día y noche. Pero también era un ciclo de esperanza, de búsqueda, de un entendimiento, de largas conversaciones y preguntas alrededor de mesas, con caras largas o risueñas, de las que trataba de rescatar algo, de adivinar algo.

—Vete a jugar con tus primos, David. Ve a divertirte un rato —me incitaban mis tíos constantemente.

Y yo accedía de mala gana. Salía al patio, daba una vuelta, miraba la diversión de mis primos, quizás me sentaba sobre el césped, jugaba con una ramita seca, uno, dos minutos, triste, circunspecto, sumergido en mis pensamientos, y al cabo de pocos minutos volvía de nuevo junto a mis tíos, a las caras de angustia, a las frases, a las preguntas, al humo de los cigarrillos, en una búsqueda constante en la que necesitaba saber todo acerca de mi madre. Era, por supuesto, una situación pesada, traumática, muy dura para un niño. A mis seis años me sentía tan solo y tan mal que prácticamente no podía hacer nada. Mi madre era mi mundo.

Pero los períodos en que ella regresaba a casa con nosotros, luego de largas semanas o meses en el psiquiátrico, tampoco eran mejores. Estaba tan medicada que parecía ausente de todo, alejada de la realidad, robotizada. Se le notaba mucho que estaba mal, a una distancia insalvable de nosotros que al mismo tiempo nos tenía tan cerca. Era mi madre, sí, y estaba ahí, en casa, en su habitación, en el comedor, junto a mi abuela, junto a su hijo, pero de cierta manera no era ella, al menos no completamente ella. Faltaba algo, sobraba algo. Fueron momentos francamente difíciles. Cuando parecía que podía estar un poco mejor, acaecía otro intento de suicidio. Aquello era una espiral, un recomenzar otra vez el ciclo.

Necesité mucho tiempo para finalmente comprender que mi madre no intentaba suicidarse por miedo, sino que lo hacía por amor. Puede parecer una contradicción, pero no lo es. Ella estaba convencida de que si permanecía a mi lado me haría sufrir y, en consecuencia, podría dañarme; pensaba que al estar sin ella yo no sufriría. Hoy en día soy capaz de comprender ese dolor, pena y angustia que experimentaba como madre. Aunque no deja de ser cierto que también estaban presentes muchos problemas de salud mental.

Muchas veces fui con mi madre al instituto psiquiátrico en donde era tratada y donde pasó largos períodos ingresada. Al visitarla, aquel edificio me parecía espantoso, lúgubre, terrorífico. Yo, siendo un niño, veía aquella construcción y quería huir, alejarme, salir corriendo, desaparecer. Y lo cierto es que con los años me convertí en un profesional en el área de la salud mental y hoy trabajo en el mismo edificio que de niño aborrecía, dedicado a ayudar a personas que lo están pasando tan mal como lo pasó mi madre.

Si esta era la realidad de mi vida en casa, la situación en el colegio, a mis siete años, no era mucho mejor.

Los niños, que usualmente son bastante crueles, me decían que mi madre estaba loca. Yo la defendía, por supuesto, con las armas y herramientas que poseía. Pero lo cierto es que no comprendía los ataques. Hoy en día, siendo un profesional en el área, puedo decir que la mal llamada locura es algo muy difícil de definir, es algo completamente efímero, lleno de matices, en los que la psiquiatría aún tiene mucho terreno en donde profundizar y descubrir.

Como si todo lo anterior fuera poco, desde los seis hasta los diez años dejé de crecer. La hormona del crecimiento estaba dormida en mí. Para dar un ejemplo conocido por muchos, me sucedió lo mismo que le pasó a Lionel Messi, el astro del fútbol. Tuve que tomar muchas hormonas durante esos años. Lo recuerdo perfectamente. No fue hasta los diez años, cuando estaba a las puertas de la adolescencia, que empecé a crecer de nuevo. Por estos motivos no interactuaba con otros niños y en el colegio sufrí *bullying*. Durante la primaria viví por primera vez el desprecio. En mi familia no existía la agresión, tampoco en mi barrio, en donde todos somos muy unidos dentro de una comunidad bien cohesionada.

Todos los niños del barrio nos conocíamos y nos juntábamos en la plaza para jugar. Recuerdo que, durante los días de lluvia, me juntaba con mis primos y otros niños y nos íbamos a los campos a buscar caracoles para luego venderlos y con las ganancias comprar cuches.

Mi barrio de Lleida se llama *La Mariola*. Y ambos han sido trascendentales para mí. Lleida es una ciudad pequeña, pero con grandes personas que habitan en ella. Es un lugar con una gran torre románica, con bóvedas de crucería ojival gótica, que se puede divisar a los lejos. Se la conoce como *La Seu Vella* y, al verla, toda persona de la capital se siente en su hogar. Solo con observarla de lejos, con sus grandes piedras oscuras, imponente, rasgando el cielo, ya es posible experimentar la sensación de estar cerca, de llegar a casa. La visión de *La Seu Vella* siempre me ha dado una sensación de alivio, de protección y de poder. Junto a la torre, emplazado en la misma colina, se encuentra el Castillo de La Suda, erigido en el siglo IX. Un lugar lleno de historia. Hogar de reyes y de nobles, hogar de Dios. En este castillo tuvo lugar, en 1150, el enlace entre Ramón Berenguer IV y Petronila de Aragón, matrimonio que supuso la unión entre el condado de Barcelona y la Corona de Aragón. Como se ve, es un lugar lleno de historia.

Desde el Castillo de La Suda se abren paso, como tentáculos, pequeñas calles que desembocan en el río

Segre; lugar de diversión para los más pequeños de Lleida y lugar de encuentro para los amantes que buscan su paraíso en la tierra, rodeados por un intenso verde en primavera, y en donde el amor aflora entre los jóvenes, deseosos de descubrir el romance.

Mi ciudad no es muy grande, es cierto, pero sí es importante y poco a poco ha vuelto a abrir espacios en su camino hacia la grandeza de antaño. Al ensancharse sus calles, desde el centro hacia los arrabales, se abren los grandes barrios. Creo que toda persona vive en donde mejor se siente identificada. Y mi lugar de identificación, como dije más arriba, es el barrio de La Mariola: lugar de cultura, espacio en donde lo real se vuelve imaginario, donde el espacio yace inerte sobre el asfalto de sus calles entrañables. El barrio de La Mariola, para mí, escapa de lo real. Representa algo que no se puede explicar con palabras, pues los sentimientos profundos muchas veces no tienen explicación, únicamente los sentimos. Para mí, Lleida y La Mariola son lugares en donde siento que he estado mucho antes de nacer, mucho antes de que mis antepasados emigraran hasta este lugar. En esta ciudad y en este barrio tengo la sensación de que algo empezó hace mucho tiempo, pero que no tuvo final y que, de cierta manera, yo debo continuar.

En este contexto crecí y viví las primeras situaciones traumáticas que relaté. Hubo momentos muy duros durante los intentos de suicidio de mi madre. Pero también, como en todas las vidas, otros momentos como esos en que iba a buscar caracoles con mis primos y otros niños. Todas aquellas situaciones me formaron para convertirme en la persona que soy hoy.

Sin embargo, lo que más recuerdo de aquel período es el miedo. Un miedo en estado puro, casi tangible, que no me dejaba en paz. Estaba aterrado, tenía pánico de quedarme solo, de no tener a nadie.

Como dije más arriba, las reuniones familiares eran frecuentes, pero al final del día mis tíos y mis primos se iban para sus casas y yo (cuando mi madre estaba ingresada) me quedaba solo con mi abuela Enriqueta.

Muchas veces, durante estos años, experimenté una intensa sensación de tristeza y de soledad. Sinceramente me sentía invisible. Era un sentimiento francamente extraño, que no puedo describir, sino diciendo que en muchos momentos sentía que yo no era tangible, que no existía. Todo aquello era, lo sé ahora, una depresión mayor.

Pero había una contradicción.

Por un lado, estaba la sensación de invisibilidad, de no ser alguien, y por el otro lado poseía la convicción y seguridad de que era una persona especial y esto me hacía sentir importante. Era una mezcla muy extraña. Estaba convencido de que mi labor en este mundo, mi destino, mi propósito, era fundamental. Dentro de toda la burbuja de oscuridad en la que vivía, en el medio de ella, había una luz potente, brillante, inmarcesible, que me hacía sentir bien. Esta seguridad me la ofrecía algo que no puedo definir, no un ser divino, algo todavía más difuso e imprecisable. Adentro de mí, en lo más profundo de mi conciencia, siempre supe que era diferente a los demás niños. Por eso, en todos los recuerdos que tengo de esa etapa, de una manera u otra, sabía que había venido a este mundo para dejar una huella en otras personas.

Solamente de adulto, y después de muchas meditaciones, pude darme cuenta de que la contradicción en la que vivía era abismal.

Durante mucho tiempo de mi vida he tenido que protegerme, hacer un escudo, una coraza para defenderme de los factores externos. Además, era muy rebelde. Como tenía una madurez precoz, el hecho de que mi voz no fuera escuchada o tomada en cuenta me frustraba mucho.

—¿Por qué lo que yo digo no lo estáis oyendo? ¿Por qué no me tomáis en cuenta? ¿Por qué no me hacéis caso? —gritaba, y me enfadaba bastante con los mayores.

Ellos, por supuesto, me reclamaban, me decía que no fuera así, me minimizaban como se minimiza a cualquier niño. Me hacían sentir, en pocas palabras, pequeño, débil e insignificante.

—¿Cómo no debo ser? ¿No debo ser yo? —preguntaba, entre gritos, indignado.

Todos me trataban así, a excepción, por supuesto, de mi abuela Enriqueta. Mi abuela había hecho mella en sus sentimientos, enseñándome valores humanitarios. Valores que poseo, pero que, sin ella, estoy convencido de que no hubieran aflorado como lo han hecho. Gracias a mi abuela he ido realizándome y he sido capaz de ver la vida desde un punto de vista objetivo, siempre buscando la parte positiva del conjunto.

3

Las llamas de San Juan:
Fuego, miedo y el ritual de la infancia perdida

Todos los veranos de mi infancia los pasábamos en *La Torre*, a unos seis kilómetros de Lleida. Recuerdo perfectamente las noches de San Juan, en las que yo y otros niños nos lanzábamos a la piscina a las doce de la noche. Luego hacíamos una hoguera, cuyo fuego yo alimentaba con los cuadernos del colegio del curso que acababa de terminar. Me gustaba ver crecer las llamas anaranjadas, azulosas en la base, que tomaban un matiz verde en las puntas crispadas del fuego en la medida que todos mis apuntes del año escolar se convertían en cenizas.

Este acto, casi un rito para mí, simbolizaba perfectamente lo que sentía acerca de la educación por aquellos años: una chamusquina de textos. No dejé de quemar los cuadernos durante el verano, ni siquiera los primeros años de la ESO. Veía las pavesas volar alrededor y de cierta manera sentía que dejaba todo aquello atrás, otro año más de estudios, otro año de *bullying*, maltrato y desprecios por parte de mis compañeros de clases.

Pero lo más importante para mí durante mi infancia era mi vida personal, quiero decir, mi madre. Lo restante era un decorado superfluo que se adaptaba de una forma u otra a todo lo demás que yo era. Como expliqué más arriba, desde el día que encontré a mi madre en la cama, rodeada de pastillas, para mí empezó un largo suplicio. Desde ese momento, al menos tres veces al año, intentó suicidarse, desde mis seis años hasta aproximadamente los doce, momento en que ingresé en la ESO. A partir de entonces (mis doce años) los intentos de suicidio disminuyeron, al menos en esa primera etapa. Pero cuando yo veía el fuego consumir mis textos infantiles, no podía saber nada de esto. Vivía en una completa angustia, sin saber si de un momento a otro perdería a mi madre para siempre. Sin saber si cualquier mañana, una mañana que parecía otra más, iba a encontrar una de las cartas manuscritas en donde mi madre trataba de explicar los motivos por los cuales quería dejar de vivir. Sí, ver aquel fuego que consumía esa parte de mi pasado, esas horas de clases y de estudios contenidas en unos cuadernos comunes y corrientes, simbolizaba mucho más, era un grito silencioso, quizás una negación, quizás la imperiosa necesidad de que el tiempo pasara, sentir la constatación del paso de los días. Quería dejar muchas cosas atrás. Quería ver al futuro y aquel fuego liberador, abrasando el pasado del niño que yo era, quizás me susurraba otras posibilidades futuras. No lo sé, estas son divagaciones de adulto. En el momento solamente quería dejar los días de clases atrás y ver los cuadernos arder.

Nada de esto, sin embargo, impidió que mi vida por aquellos años fuera completamente borrosa. No tengo más que fragmentos, trozos sueltos, piezas irreconciliables. Mi vida era mi madre y mi madre no estaba conmigo. Los momentos eran tan pesados cuando ella no estaba que creo que mi cerebro los borró como herramienta para poder sobrellevarlos. No veía a mi madre cuando estaba ingresada (estuvo ingresada muchas veces, demasiadas veces); no la reconocía cuando estaba medicada. Mi madre era como un espejo, como el reflejo en el espejo de la mujer que había sido. Sentía que era otra persona cuando estaba medicada, como si alguien, una actriz dramática, se hubiera disfrazado y maquillado para parecerse a ella, o como si se hubiera endosado una máscara que se parecía a mi madre, pero que no era mi madre, para luego presentarse ante nosotros y representar una vida que no podía conocer, en la que no nos reconocía y no la reconocíamos.

Además, cuando la primera etapa de los suicidios pasó, debíamos obligarla a hacer muchas cosas. Debía ir a talleres, a consultas psiquiátricas, a hacerse pruebas. Algunos de estos momentos fueron terribles. En los centros, durante los talleres, mi madre debía compartir las sesiones con personas que estaban enfrentando problemas que nada tenían que ver con los de ella. En aquellas reuniones había personas con grandes problemas intelectuales, individuos con limitaciones cognitivas, esquizofrénicos. Mi madre lo que tenía era una gran depresión. No era lógico que todos los pacientes estuvieran en una misma sesión. La psiquiatría falla mucho en mezclar a todos los pacientes. ¡Una persona con depresión no debería ser tratada junto a personas que están sufriendo alucinaciones! Estoy convencido de que esto tiene repercusiones negativas en los pacientes.

—¿Qué hace mi madre con estas personas? —pensaba en aquellos días—. Mi madre no es así. Mi madre necesita una ayuda distinta, especializada.

Pero todo esto pasó cuando yo era un adolescente. Las noches de San Juan, en La Torre, cuando veía el fuego consumir mis cuadernos, esos días futuros todavía estaban demasiado lejos. En esos veranos, como dije, mis preocupaciones eran otras, o, quizás, eran las mismas, pero sin tanta conceptualización, sin la capacidad para comprenderlas cabalmente.

Las noches en La Torre eran frescas. El fuego consumía mi pasado inmediato. Y si mi madre no estaba con nosotros, en ese momento todos mis pensamientos iban dirigidos a ella. Mi prioridad era ella. Arrojaba los cuadernos al fuego, veía crecer las llamas al tiempo que me iluminaban el rostro y pensaba:

—¿Y si muere? ¿Qué voy a hacer si muere?

En cambio, si mi madre estaba con nosotros, medicada, robotizada, el miedo a no tenerla conmigo, a la soledad, era reemplazado por el miedo a que se fuera de nuevo, a toparme con otra de las durísimas cartas manuscritas que encontrábamos sobre una mesa, en el suelo, en la cocina.

Nunca he tenido dinero para premiarte, hijo, pero te dejo mi sonrisa, mi tristeza, mis años de madre y si cuando leas esto alguien te pregunta: ¿Amas a tu madre? ¡Yo sí, amé a la mía! Tú, si quieres, di lo mismo o no lo hagas, eso ya es algo tuyo. Solo puedo decirte que no me olvides, que te quiero mucho. No soy cobarde ni egoísta, sino que te dejo ser tú. Ya está bien de querer darte lecciones de lo bonita que es la vida, eres tú el que me las da a mí.

Ten presente en tu corazón que lo más importante eres y serás siempre TÚ.

Sé el daño y el dolor que sentirás y siempre te preguntarás ¿por qué? No lo hagas, no te lo preguntes, soy yo la que te hago daño en todos los ámbitos, emocional y espiritualmente. Perdóname hijo, te quiero muchísimo y siempre estaré.

Siempre sucedía más o menos igual. Después de escribir las palabras empezaba a tomar pastillas y más pastillas. Llegó a tomar más de doscientas pastillas en una noche, mezcladas con alcohol.

La noche que mi madre me escribió las palabras que acabo de transcribir, antes de que aquel cóctel terrible hiciera efecto, todavía tuvo tiempo de redactar otra carta para su madre, para mi abuela Enriqueta.

Mi madre, te adoro, te quiero, te necesito... Odio ponerte esto porque sé que tú pensarás: si tanto me adoras y quieres, ¿por qué? Lo sé madre, sé que me lo preguntarás cuando te reúnas conmigo en el cielo y yo te diré: por amor.

No quiero que sufras, que me veas todo el tiempo amargada y que yo no sea capaz de decirte nada ni de pedirte ayuda. Perdóname madre, te quiero muchísimo.

Muchos años después de aquellas cartas pude conversar con mi madre acerca de todos esos momentos trágicos que sucedieron durante mi infancia. Ella me contestaba escuetamente. Muchas veces evitaba recordar, el dolor era demasiado grande y terrible.

—Tú sabes, David, que tu abuela es un orgullo para mí, la poca bondad que veo en mí se la debo a ella —me contaba mi madre— Ella, junto a ti, siempre han sido lo que más he querido en este mundo. Aquella noche terrible, cuando escribí esas cartas, las lágrimas me acompañaban. Junto con la angustia del momento sentía un gran sentimiento de culpabilidad. Y, al mismo tiempo, estaba aterrada por expresar cómo me sentía realmente. Las conversaciones eran lentas, hechas de frases sueltas, de oraciones casuales. Poco a poco, sin embargo, pude ir reconstruyendo parte de todo lo que había pasado. Un día me marché de casa y estuve llorando toda la noche... Me tomé dos o tres cubalibres y me emborraché. A partir de entonces empecé a beber frecuentemente, cada día me emborrachaba. Tus tías no se enteraban de nada. Cuando ellas lo supieron, ya estaba muy enganchada al alcohol. Fue entonces cuando empecé a querer morirme. Me sentía otra vez engañada. Fueron momentos muy duros y finalmente me llevaron al psiquiatra. El doctor Edo me mandó muchísimas pastillas y unas gotas para quitarme la dependencia del alcohol, pero yo seguía bebiendo y además me daban ataques de asma.

Podíamos conversar en el salón, en la cocina, en la terraza, quizás caminando por La Mariola. No importaba. La historia de mi madre estaba ahí y poco a poco iba saliendo, la iba expresando como podía, soportando el dolor, luchando contra el pasado para que yo comprendiera por qué sucedió todo lo demás.

—El que lo pasaba peor eras tú, David —continuaba mi madre—. Era frecuente que al volver a casa ebria te golpeara. Sucedió con bastante frecuencia. Tú me veías, hijo, tirada en el suelo, completamente borracha. Hoy en día me arrepiento con toda mi alma, pero en aquel momento solo sentía la necesidad de morirme.

—¿Recuerdas los primeros años de mi vida mama? ¿Cómo eran? —pregunté.

—No sé por qué te golpeaba —continuó mi madre, triste—. Recuerdo el día que naciste, David, eras un bebé precioso, un poco bajo de peso y estatura (pesaste dos kilos y medio y mediste cuarenta y seis centímetros), pero eras realmente precioso. Recuerdo cuando entró tu abuela a verme en la habitación de la maternidad. Me dijo: «Es igualito a su padre, pero le quiero». La verdad es que siempre te quiso muchísimo, tú lo sabes, David. Fue gracias a mi madre que pudimos salir adelante. Todavía eras un recién nacido cuando tu tía Paqui se vino a vivir con nosotros porque la abuela Enriqueta se había ido a trabajar a los hoteles y tú eras muy pequeño todavía. Yo estaba hecha polvo por aquellos días, y mi hermana me ayudó mucho. Pero la verdad es que le hice la vida imposible a Paqui y casi acabamos peleadas. Tenía la mente desordenada y me molestaba todo: los niños, mi cuñado, mi hermana. La mezcla de todas estas circunstancias nos hizo imposible la convivencia. Afortunadamente, lo pudimos conversar, nos sinceramos y no nos acabamos distanciando. Sin embargo, Paqui decidió irse y me quedé sola contigo, que en aquel momento fuiste lo más maravilloso que me pasó desde que me dejó tu padre. Pero yo no estaba bien...

Mi madre hizo una pausa. En esos momentos le invadía una profunda tristeza. No siempre podía continuar hablando. No recuerdo si la conversación quedó en este punto aquel día o si la retomamos. Tampoco es importante recordar exactamente cuándo lo dijo, lo importante es que siguió contándome acerca de aquellos días.

—Pero yo no estaba bien... Como te decía, peleaba con todos, todo me molestaba... Yo te pegaba, David... Te pegué porque llorabas mucho y con frecuencia te ponías enfermo... Estaba mal. Estaba muy nerviosa y deprimida. Nunca he tenido los nervios tan alterados como durante los primeros cinco años de tu vida, David. Espero que... Espero que algún día puedas perdonarme... Eres el hombre que siempre querré y el que nunca me hará daño.

En ese momento comprendí el dolor de mi madre. Había pasado por demasiadas cosas.

Muchos años después me dedicó unas palabras que quiero compartir en este momento.

Estas palabras son para ti David

Nuestros hijos no son nuestros hijos
¿por qué no?
porque, aunque estén a nuestro lado, no nos pertenecen.

Podemos darle nuestro amor, no nuestro pensamiento
porque ellos tienen sus propios pensamientos.

Podemos albergar sus cuerpos, no sus almas
porque estas habitan en la casa del futuro,
cerrada para nosotros, cerrada incluso para nuestros sueños.

Podemos esforzarnos por ser como ellos,
más no tratemos de hacerlos como nosotros
porque la vida no retrocede ni se detiene en el ayer.

Somos el arco desde el cual nuestros hijos
son disparados como flechas vivientes hacia lo lejos.

La situación era terrible. Los intentos de suicidio durante aquellos años se sucedieron unos a otros. No podíamos saber cuándo mi madre recaería otra vez, cuándo se alejaría de nosotros, cuándo recomenzaría el terrorífico ciclo de autodestrucción.

Una de aquellas noches le escribió la siguiente carta a mi abuela Enriqueta.

Hoy escribo a la mujer de pelo negro, la que me da su amor sin condición. A mi querida madre le escribo lo que llevo dentro de mi corazón. Madrecita querida, es mi amor tan inmenso como el amor de Dios, por eso, madre, las estrellas del cielo brillan en tu honor. Pero madre, no pienses que me estoy despidiendo de ti, solo te quiero decir lo que mi corazón siente. Y es tanto amor lo que siente y tantas ganas de decírtelo que te lo digo escribiendo. Madre, no te preocupes por mí, yo estoy bien, un poco triste y deprimida porque me faltas tú. Me parece mentira, pues eres mi mejor amiga, es más, no tengo a nadie más que a ti para que me dé amor y hoy puedo decírtelo. Te echo de menos, tanto como Dios echaría de menos a su hijo. Bueno, madre, te quiero y no te lo digo más; ven, te necesito, pues me estoy volviendo loca. Yo aquí, sola, sin más compañía que la de mi hijo y la televisión. Adiós, tu hija que nunca te olvida. Sigo los consejos de mi corazón y él no sabe mentir. Por mucho que quiera callar, él siempre dirá la verdad. Te necesito.

—Después de escribirle esta carta a tu abuela ingerí un montón de pastillas, unas doscientas —me contó mi madre—. Ocurrió un domingo, las mezclé con whisky y no recuerdo nada más. Estuve un día y medio en cama, en el hospital. Cuando abrí los ojos lo primero que vi fue una luz blanca en el techo y sentí mucho dolor en la garganta. Tenía un tubo en la boca y otro en la nariz. Estaba sondada y con las venas llenas de tubos. Más tarde recuerdo que entró mi madre, me cogió la mano y el dolor de la garganta desapareció por completo, pero se me pasó al corazón. Cuando me quitaron los tubos de la boca, lo pasé fatal, era muy doloroso… Después, me desataron y fueron entrando uno a uno todos mis hermanos. Sentía mucha pena y vergüenza, David, por hacerles pasar tanto dolor por mi culpa. Todos estaban muy preocupados. En aquel instante me aportaron mucho calor humano e hicieron que me sintiera muy querida. Recuerdo cómo me decían que no había pensado en ellos al hacer aquello, ni en ti, David, ni en mi madre, en el daño que les estaba haciendo a todos. Tenían razón. No había pensado en nadie, solo veía la muerte como una salida de escape a todo el malestar que tenía en mi cabeza y en mi vida. Estaba amargada, me invadía el odio y los complejos. Pero, por otro lado, tenía mucho amor que dar, a pesar de que nadie me lo daba a mí, o al menos eso sentía yo. La verdad es que me sentía fatal de ver a todos tan preocupados. Comprendí que detrás de todo lo sucedido había una familia que estaba sufriendo porque me quería mucho. Todos se sentían impotentes delante de una mujer adulta que solo pensaba en morir, en quitarse la vida, una y otra vez.

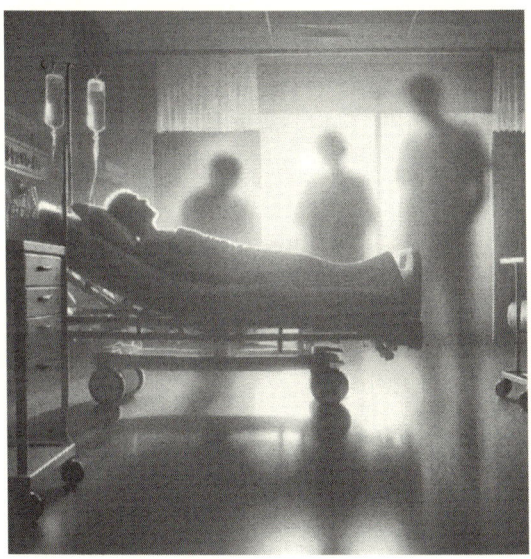

Las noches de San Juan, en los lejanos veranos de mi infancia, junto al fuego, no conocía todos estos detalles, sencillamente estaba viviendo lo que ahora he descrito con las palabras que me dijo mi madre. Para un niño era muy difícil comprender siquiera una parte de todo aquello. El fuego bailaba antes mis ojos, informe, indócil, indomable, antiguo, y lo único que yo podía sentir era el miedo a perder a mi madre, la angustia, la desesperación, la incertidumbre por no saber qué pasaría.

4

Entre Sombras y Ruinas:
*La Coraza de protección y
la Magia de la Infancia*

Viví buenos momentos en La Torre, pero también otros llenos de mucho estrés. Mi estado de ánimo era muy cambiante, determinado principalmente por la situación de mi madre. Me convertí en un chico hosco, agresivo, intratable. Esto, para mí, era una forma de protección. Me enfadaba por tonterías para protegerme. Construí una coraza alrededor mío. Todo aquel que se intentaba acercar era rechazado o le hacía daño de alguna manera. Este no era más que un reflejo por la preocupación constante que sentía, por la falta de cariño, por la frustración. Nunca hacía daño físicamente, mis ataques por lo general eran verbales.

—Tienes un buen corazón, David, pero en muchos momentos te pierdes —me decían diferentes miembros de la familia.

Un profesor que tuve durante aquellos años definió muy bien mi actitud con una frase del latín: «Si quieres paz, prepara la guerra». Estaba constantemente a la defensiva, belicoso, combativo. Y, en realidad, lo único que necesitaba era un abrazo, un poco de comprensión y cariño, que me escucharan y que me entendieran.

Durante las vacaciones de verano era inseparable de mi prima Dámaris. Yo me quedaba con mi abuela en una torre y Dámaris y su madre en una torre cercana. Ella también es hija única y puedo asegurar que la relación que se creó entre nosotros es más de hermanos que de primos. Mi prima Dámaris hizo mi infancia como un campo de flores. Mis otros primos muchas veces me rechazaban, me despreciaban y no quería jugar conmigo, pero ella era diferente.

—No vengas, no queremos jugar contigo —me decían algunos de mis primos.

Y entonces me iba con los adultos, sobre todo cuando mi madre no estaba cerca y yo me sentía mucho más desprotegido. La verdad es que atendía más a los asuntos de los adultos que a los propios de los niños. Como ya he dicho varias veces, sentía la obligación a estar atento a lo que sucedía en el mundo de los mayores en lugar de estar jugando.

—No estés aquí, ve a jugar con los niños —me decían entonces los adultos.

Y yo no encontraba un lugar en donde estar, en donde sentirme a mis anchas, cómodo y tranquilo. Era como si todos me empujaran a otro lado, como si ningún lugar fuera apropiado para mí. Esto hubiera sido un verdadero infierno si no hubiera sido por mi prima Dámaris.

Estoy muy orgulloso de Dámaris. Siempre ha estado conmigo, en lo bueno y en lo malo. Ella fue la pieza del rompecabezas que encajó perfectamente en el caos de mi niñez. Era la única que de verdad disfrutaba su niñez a mi lado, con mi pequeña conciencia rodeada de oscuridad y miedos. Dámaris desde el principio comprendió que yo siempre me he sentido muy solo y apartado de la gente. Era consciente de ello. Y esto, al mismo tiempo, también ha sido parte importante de su aprendizaje personal. El tormento que recibía por aquellos años podría haber hecho de mí alguien sin honra ni orgullo. Pero ella estaba ahí para mí, para que sintiera su bondadoso corazón.

Si lo pienso bien, toda aquella sombra gris que sentía, toda aquella frustración que me invadía, era síntoma del querer ser y no poder, del buscar y no encontrar, del anhelo por vivir y caminar con la muerte al lado. El simple hecho de sentir un poco más de amor y comprensión hubiera dado paz a mi corazón.

La vida, con sus altos y sus bajos, continuaba. Yo, buscando un lugar; mi madre, luchando por salir del terrible pozo en que se encontraba.

En una de esas vacaciones en La Torre, que transcurrían como cualquier otra, acaeció una desgracia que fragmentó a la familia: la muerte de mi primo, Manolo, en un accidente de tránsito. Fue una tragedia muy grande. Un momento muy duro para todos. Yo tenía solamente siete años y no comprendía muy bien lo que estaba sucediendo, pero algo, indudablemente, se transformaba a nuestro alrededor. Esta fue la primera muerte que experimenté, cuando quizás tomé absoluta conciencia de la completa y definitiva desaparición.

Toda mi familia coincide en que Manolo era muy bueno. Era un chico noble, responsable y familiar. Lo que yo recuerdo de él es que transmitía un sentimiento de liderazgo muy natural e imponente. Era un líder que iba detrás, no adelante; la verdadera función de los líderes es ir en la retaguardia, como hacen los lobos, para vigilar que nadie se quede detrás, para proteger a los demás de cualquier peligro. Manolo era un amor y te hacía sentir el amor.

Tras la muerte, muchas personas se acercaron aquel agosto a La Torre, desde muchos lugares distintos. Durante los funerales había familiares de pueblos lejanos que yo nunca había visto. Acepté la muerte de Manolo, pero sinceramente no hubo un vacío en mí, un hueco. Comprendía que no lo vería nunca más. Pero al mismo tiempo, durante aquellos momentos terribles, me alegré de conocer a tantos familiares. Sin embargo, más allá de todo esto, la trágica muerte de Manolo, como decía, supuso un quiebre en la familia.

Si bien hubo momentos difíciles en La Torre, también hubo otros muy bonitos. Uno de estos era cuando iban los yayos. Los yayos no eran mis abuelos, eran los abuelos paternos de mi primo hermano Juanjo, pero todos los llamábamos yayos. Para mí eran como los abuelos de la parte de padre que nunca estuvieron durante mi infancia. Siempre teníamos la esperanza de que fueran, pues cada vez que se presentaban organizaban excursiones muy divertidas por el campo. Las expediciones podían durar dos o tres horas. Nos sumergíamos en la naturaleza, caminábamos por el prado, bordeando cerros, cauces de ríos y visitábamos antiguas ruinas que parecían susurrar un secreto antiguo. Todo, en aquellos paseos, estaba enmarcado por la aventura, por el descubrimiento, por el encanto, el hechizo y la magia que los niños son capaces de edificar en su imaginación.

Recuerdo perfectamente las ruinas. Las construcciones del pasado tenían un encanto muy potente para mí. ¿Qué vidas, qué historias, qué amores vivieron en estos rincones barridos por el tiempo? ¿Qué experiencias pasadas se desarrollaron entre estas piedras que hoy no son más que un rastro de polvo y olvido? ¿Qué potencia oculta, cuáles energías secretas se recrearon con pasión, amor y deseo en estos vestigios? Las preguntas me invadían. Las ruinas parecían susurrar una respuesta inteligible, mezclada con el viento tibio del verano en Cataluña, con el olor a tomillo y romero que serpenteaba entre la hierba y se hacía tangible sobre los labios. Las respuestas estaban ahí, como una brisa ligera que mueve los cardos y las flores. En la conciencia hechizada por la mente de un niño. En el deseo del descubrimiento y en el asombro ante la maravilla.

Agradeceré toda mi vida esos momentos de excursión junto a los yayos. Las largas caminatas entre los barrancos, en los trigales, en los campos áridos, entre los árboles frutales, sorteando el cauce seco de un río, bajo el calor del verano, entre las diminutas flores amarillas polinizadas por millares de abejas, más allá de las ruinas, hacia el mundo desconocido, lejos, con la vista fija en el horizonte, hacia el campo infinito, o, por qué no, en la casa del árbol o la casa perdida entre la hierba, sumergido en la magia tremenda de la niñez.

5

Los Hilos Invisibles:
*Migraciones, tragedias y
los Misterios que tienen
mi historia familiar*

Mi familia no es originaria de Cataluña, es Andaluza, de Fornes, un pueblo de poco más de quinientos habitantes situado en la provincia de Granada. Los motivos por los cuales vinieron a Lleida, en donde yo nací, son tan casuales y azarosos como los encuentros, desencuentros y motivos secretos que unieron y separaron a mi madre y a mi padre antes del momento de mi concepción.

El que mi familia se haya establecido precisamente en esta ciudad, una ciudad que siento tan mía, tan personal, como si la hubiera habitado en un tiempo lejano, entre el brillo de las espadas y las largas cortinas que cubrían las paredes de los castillos, quizás no es accidental, quizás todo esto debía ser así, escrito sobre la undosa agua del río con una pluma de alción legendario. Quiero decir que todo esto que parecen azares y casualidades, circunstancias sin relación, fragmentos y decisiones ajenas, a lo mejor respondan al propósito que siempre he sentido tan mío, tan real, tan profundo, tan inmanente.

Para mí Lleida significa muchas cosas. Por eso me parece importante relatar los motivos que trajeron a toda mi familia, desde mi abuela Enriqueta hasta mi madre, a habitar estas tierras.

Todo pasó antes de que yo naciera.

Mi tío Antonio, el tercero de los hijos de mi abuela Enriqueta, tuvo problemas de salud durante la infancia y una de sus piernas se desarrolló menos que la otra, por este motivo cojeaba al caminar. Esto le hizo sufrir mucha discriminación en Andalucía. La discriminación se traducía en, por ejemplo, cobrar menos en los trabajos que emprendía. Las personas que lo contrataban justificaban esto diciendo que era «lisiado». Con frecuencia utilizaban este tipo de palabras despectivas. Aquello sucedió en los años ochenta y las cosas no eran como ahora. Por entonces era común que las mujeres cobraran menos, había mucho más machismo y discriminación y, al fondo de todo, sufriendo el desprecio más tremendo, se encontraban las personas como mi tío.

Por este y otros motivos un día decidió salir de Andalucía para residenciarse en Lleida. La situación en Cataluña fue completamente diferente para él. Lo respetaron laboralmente y le retribuyeron su trabajo con justicia. En Lleida no sufrió ningún tipo de discriminación, al contrario, esta era una tierra de igualdad y oportunidades.

Mi tío era el más querido de la familia, el más mimado y protegido. Por eso, cuando mi abuela Enriqueta se enteró de que dejaría Andalucía para establecerse en Cataluña, decidió coger a los demás hijos y venirse todos juntos a Lleida. Fue una migración repentina, conjunta, decidida por la matriarca para mantener cohesionados a todos los miembros. Para mi abuela, la familia siempre fue lo más importante y no iba a permitir que se fragmentara. Así fue como mi madre, mis tíos y mi abuela llegaron a la ciudad que me vio nacer.

Poco tiempo después, sin embargo, acaeció una tragedia. Sucedió una tarde. Mi tío Antonio fue a jugar fútbol con algunos de sus hermanos y otros amigos. Era en un campo que pertenecía a una parroquia. Todo esto sucedió en 1986, tres años antes de que yo naciera, pero casi puedo ver la escena como si la hubiera vivido, así de fuertes están grabados en mi imaginación los sucesos de aquella tarde, hechos que escuché relatar y me detallaron muchas veces. Imagino una tarde despejada, en la que el sol desaparece en el horizonte bajo un cielo arrebolado. Imagino una brisa tenue, el olor del césped pisoteado, los gritos de los hombres que juegan al fútbol, el ruido del balón al ser pateado. Mi tío estaba en la portería. Quizás gritaba alguna orden, quizás reñía y señalaba a un compañero. Me imagino que la acción del juego se desempeñaba lejos del área que defendía cuando se guindó del travesaño superior de la portería. En aquel entonces las porterías de metal no estaban sujetas al suelo, como lo están ahora. Eran estructuras de media tonelada que se podían balancear e inclinar. Mi tío se sujetó del travesaño, resbaló y todo el peso del tubo de metal le cayó sobre la cabeza, aplastándolo.

Inmediatamente se lo llevaron al Hospital Universitario Arnau, en Lleida. Los médicos rápidamente se dieron cuenta de la gravedad y decidieron que lo mejor que podían hacer era trasladarlo en helicóptero al Vall d'Hebron, el centro más grande de Cataluña. Para ese momento ya estaba ahí mi madre, mis tíos y mi abuela. Era un momento terrible. Todo había sido muy repentino e inesperado y no sabían con exactitud si le podrían salvar la vida.

Mi madre me cuenta que todos salieron para ver despegar el helicóptero en donde lo trasladarían. La angustia era tremenda bajo el sonido ensordecedor del aparato. Finalmente despegó. Pero no mantuvo el vuelo durante mucho tiempo. Apenas se había separado del suelo una decena de metros cuando el aparato regresó y aterrizó en el techo del Hospital Universitario Arnau. Cuando pudieron informarse sobre lo sucedido, sobre el motivo por el cual se posponía el traslado, les explicaron que durante el ascenso mi tío había sufrido tres infartos, estaba demasiado delicado y lo más probable es que no resistiera el viaje hasta el Vall d'Hebron. Pasaron unos minutos y con mucho dolor mi familia descubrió que no había nada que hacer. Mi tío había muerto.

Fue un drama, una situación en extremo trágica. La esposa de mi tío, Dori, estaba de ocho meses de embarazo cuando sucedió. El impacto de la noticia fue tan grande que presentó algunos inconvenientes con el niño. Afortunadamente todo se resolvería positivamente.

Tras la muerte, algunos médicos le preguntaron a mi familia si estaban dispuestos a firmar unos documentos en donde se estipulaba que los órganos fueran donados. Mi familia aceptó. Pero al poco de aquello les dijeron que los órganos estaban inservibles y no podrían donarlos. Entonces sucedió una serie de hechos extraños. Primero, no dejaron ver el cuerpo de mi tío. Nadie pudo verlo y nunca les explicaron bien los motivos de esta negativa. Luego, al cabo de un tiempo, y durante muchos años, mis familiares recibieron regalos de Zaragoza. Los regalos llegaban, pero no conocían al remitente. Mi familia no conoce a nadie en Zaragoza, pero era como si una persona invisible e inidentificable les agradeciera. ¿Qué les agradecía? Todo era muy raro. La familia pensó en diferente hipótesis, quizás alguien había recibido los órganos del tío Antonio y esa era su forma de agradecer. Pero esto también era improbable, pues los donantes son anónimos. En definitiva, nunca se resolvieron los motivos sobre la negativa para ver el cuerpo ni el origen de los regalos.

Pero toda esta situación, además de la tragedia en sí misma, tuvo otro efecto. Dori, embarazada de ocho meses, fue apartada un poco, como si, tras la muerte, ya no perteneciera a la familia. La verdad es que yo he sido el único que siempre he sentido a mi tía Dori como parte integral de mi familia, y a mis primos como mis primos. ¡Pero por supuesto que los considero mis primos! Se apellidan Salcedo como yo y son de los pocos que aún mantienen este apellido vivo para generaciones futuras. La línea Salcedo se mantiene por ellos y esto es un gran orgullo para mí. Además, para mí no es importante que todo esto sucediera antes de mi nacimiento. Como dije más arriba, apenas al empezar este relato, la vida de un hombre empieza antes de nacer. Esos sucesos, en consecuencia, me importan y me pertenecen como a cualquier otro familiar. Y no voy a dejar de lado a ningún miembro de mi familia por ningún tipo de rencilla; estos son los valores que me inculcó mi abuela y que yo continuaré durante toda mi vida.

—El único sobrino que siento como tal eres tú —me ha dicho mi tía Dori en diferentes oportunidades—. Nunca has olvidado a tus primos. Eres el único que nos has dado el valor que merecemos.

Lo cierto es que también mi abuela Enriqueta estuvo muy cerca de Dori. Mi abuela y yo fuimos de los pocos que escapamos a la regla general de la familia, a la fragmentación, al rechazo. Éramos mi abuela y yo quienes íbamos al cementerio, hasta el nicho de Antonio, para cuidarlo y mantenerlo. Era yo quien se subía en unas pequeñas escaleras para limpiar la maleza, la tierra, la suciedad y el polvo. Recuerdo que por aquellos días mis tíos informaron a Doris que iban a dejar de visitar la tumba de Antonio. Al escuchar esto, mi tía se molestó mucho. Esta posición recrudeció la distancia. Pero la verdad es que yo entiendo a mis tíos, pues no veo a la muerte representada en una tumba. Cuando muera (tal como decidió mi abuela) pienso que lo mejor es la incineración. La tumba es visitada por una generación, los que te conocieron y te recuerdan; quizás también por la segunda; pero la tercera te olvida. En consecuencia, con el paso del tiempo la sepultura queda descuidada y vacía y los huesos pasan a una fosa común. Por eso no entiendo la posición de mi tía Doris. En todo caso, quienes deben encargarse de la tumba son ella y mis primos.

Fue por mi tío Antonio que mi familia vino a Lleida. El motivo fue la discriminación, el rechazo; pero también el vigor y la autoridad de mi abuela, la humanidad, la bondad y el amor que la impulsó a mantener a toda la familia unida. Estos fueron los sucesos que me permitieron nacer en esta ciudad que siento tan mía, un ejemplo más de que los hechos se amarran y desamarran en la cuerda de la vida incluso antes del nacimiento, para que así todo encuentre su justo lugar, su propósito, su tiempo preciso.

6

Ecos de un Padre ausente: *el Kunfu y la Búsqueda de lo Inalcanzable*

Cuando tenía diez años hice algo que no muchas personas saben. Una tarde, intrigado por mis orígenes, haciendo hincapié en el pasado, decidí buscar las Páginas Amarillas. No fue sencillo, pero poco a poco, buscando entre las ligeras hojas de aquel tomo enorme y pesado, di con la inicial del apellido de mi padre, luego con el nombre, finalmente con el teléfono. Ahí estaba la información para contactarlo, para escuchar su voz al menos una vez, para presentarme, para decirle: «Yo soy». «¿Quién eres?», imaginaba que me contestaría él. «Soy tu hijo», sería mi respuesta. No podía saber qué sucedería después. Una mezcla de esperanza e inocencia me decían que a partir de ese momento él se acercaría a mí, decidiría conocerme y se interesaría por mi vida. Otra parte, más realista y cruel, me desengañaba. Nada era seguro. Para averiguarlo tendría que marcar el número de teléfono que encontré en las Páginas Amarillas. Eso era todo lo que sabía acerca de mi padre: unas letras perdidas en un libro público, unos números alineados en una hoja ligera, una hoja de gramaje ridículo, casi intangible, inmaterial y fantasmal como él mismo.

Estuve dudando durante un rato. ¿Y si me colgaba el teléfono? ¿Y si me insultaba? ¿Y si con dos o tres palabras derrumbaba toda la ilusión de un niño que tenía ganas de escuchar a su progenitor? ¿Quién era ese hombre que me atendería desde el otro lado del teléfono? ¿Qué es un padre que nunca ejerció como tal? ¿Qué secreto lazo me unía a ese desconocido? No podría empezar a contestar ninguna de estas preguntas si no marcaba el número de teléfono.

Fui hasta el viejo teléfono de disco que mi abuela utilizaba ciertas tardes para conversar con amigas y parientes lejanos. Me senté en el sillón. Abrí una vez más las Páginas Amarillas, había doblado la hoja en la parte superior derecha para no perder el contacto, como si aquella página fuera lo último que me unía a él. Repasé el número una y otra vez, de tanto dudar lo memoricé. Finalmente, me llené de valor y disqué, lentamente, un número a la vez. Escuché el tono. Repicaba. No estaba ocupado. En cualquier momento atendería. Escucharía la voz. Quizás empezaría a cerrar un círculo. La curiosidad infantil tendría una respuesta.

Pasaron unos segundos. Quizás no fueron demasiados, pero a mí se me hicieron eternos. El tiempo era relativo. La necesidad por dar una resolución al conflicto, al abandono, me llenaron de nerviosismo y ansiedad. Levantaron el teléfono del otro lado. Alguien lo acercó a la boca. Escuché. No era mi padre. Era la voz de una mujer.

—¿Sí? ¿Quién habla? —dijeron desde el otro lado.

Era una mujer mayor, el tono de la voz y cierta inflexión en las palabras me lo sugerían con total claridad.

—¿Sí? —repitió la mujer.

Hice un rápido repaso mental a todo lo que sabía acerca de mi padre e inferí que aquella voz pertenecía a la de mi abuela.

—¿Hay alguien ahí? —insistió, un poco molesta.

—Soy yo —contesté.

—¿Yo? ¿Quién yo? —preguntó mi abuela paterna.

—Soy el hijo de Antonio… El hijo del Kunfu…

Eso fue todo lo que pude decir. A mi padre lo apodaban el Kunfu. Estoy convencido de que mi abuela, desde el otro lado, sabía exactamente de quién se trataba. Seguramente mi padre le habría hablado de mí. Algo tenía que saber.

Me pareció que dudó durante unos segundos. No fue mucho tiempo. En realidad, fue muy poco. Era como si ya tuviera la respuesta preparada. Como si hubiera imaginado esa llamada muchas veces antes de que sucediera.

—No queremos saber nada de ese tema —dijo y colgó el teléfono en el acto.

Así que eso era yo para ella: un tema, algo de lo que se puede hablar o no, algo que se niega, algo que se olvida. La respuesta me dejó atónito. Me asombraron la frialdad, la crueldad, la insensatez. Era un niño. Ella tenía que saberlo. Un hijo de su hijo. Un nieto. Esto parecía no importarle. No quería saber nada. Pasaba página. Olvidaba el tema. Como si fuera posible negar una vida, una realidad, una voz ingenua y llena de esperanza que reclama comprensión, reconocimiento, cariño. Pero ahí, del otro lado del teléfono, no había nada. Solamente estaba una mujer anciana, indiferente, huraña, hosca, que colgaba un teléfono después de decir: «No queremos saber nada». La nada misma era la que hablaba. La nada que fue mi padre. La nada que fue mi abuela paterna. La nada que fueron todos ellos durante mi infancia.

Cerré las Páginas Amarillas y me prometí que nunca volvería a intentar un contacto. No tenía padre. Su papel había sido cumplido al engendrarme. Allá él al decidir no estar cerca. Yo tenía mucho amor que ofrecer y se lo ofrecería a las personas que de verdad me importaban.

No sé si sucedió en ese mismo momento, cuando me colgaron el teléfono, o si fue un lento proceso de racionalización, pero poco a poco fui dejando todo aquello atrás, hasta el punto de no sentir ningún rencor por mi padre, hasta el punto, como dije más arriba, de sencillamente compadecerme por él y sentir una profunda lástima.

Pero a los diez años es difícil digerir todo esto. Sobre todo, cuando lo que se hace es tan inocente como intentar un contacto telefónico. Recuerdo que le conté a mi abuela Enriqueta lo que había pasado.

—¡Qué asco de mujer! —respondió tras escuchar cómo me había tratado mi abuela paterna.

Mis tías también me aconsejaron que lo mejor era que no tratara de ponerme en contacto de nuevo con mi padre. Desconozco si ellas sabían algo que yo ignoraba, pero comprendí que estaban en lo cierto. Lo mejor era dejar todo atrás.

Sin embargo, la curiosidad de un niño muchas veces es irrefrenable. En las largas conversaciones que he mantenido con mi madre a lo largo de los años, he podido ir reconstruyendo esa figura borrosa y fantasmal que me engendró en un pinar de la costa de Cataluña, aquella noche de tormenta bajo millares de rayos azules.

—¿Cómo es mi padre? —pregunté.

Mi madre al principio era reticente a hablar de él.

—¿Qué te puedo contar, hijo? —comenzó—. Lo conocí a mediados de los años ochenta. Muchos de los empleados del hotel en donde trabajaba y, al final de la jornada, íbamos a un bar cerca de la playa. Y tu padre, el Kunfu (todos lo llamaban así), también iba al bar. Creo que le gusté desde el primer momento, pero por lo que ya te he contado, no empezamos a salir inmediatamente. No fue hasta que me dijo que se llevaba fatal con la novia y que iba a dejarla, que accedí a salir con él. Empezamos a vernos a escondidas, sin que nadie lo supiese. No recuerdo si fue idea de él, pero al poco tiempo yo se lo dije a mi madre. Recuerdo que ella me dijo: «Déjale, no me gusta un pelo y además tiene novia, no salgas con él y olvídale». Yo le contesté que le quería y que iba a salir con él, le gustase o no. Y así lo hice.

—En ese momento no podías saber que te había mentido acerca de la novia.

—No lo podía saber —continuó mi madre—. Estuvimos saliendo durante tres años en total y nunca lo supe. Lo que más me gustaba de él era que nunca me pedía relaciones sexuales, solo nos besábamos, nos tocábamos y nos decíamos lo mucho que nos queríamos. Era realmente maravilloso. Me trataba con mucho cariño, me acariciaba y me susurraba cosas de amor. Pero llegaba el final del verano. Y con el final del verano siempre llegaban las despedidas. Aquel año, sin embargo, era peor. Él se iba a ir por dos temporadas porque tenía que hacer la mili. Yo le abracé con fuerza. Él me cogió en los brazos y me dijo: «Esto no es una despedida ni una ruptura, solo es una continuación».

—¿Esas fueron sus palabras exactas? —pregunté.

—Esas fueron sus palabras exactas. Lo recuerdo con claridad: «No es una despedida ni una ruptura...». Durante aquella ausencia nos escribimos muchas cartas. Eran cartas de amor, de mucho amor... Estuve todo el año pensando en él. No había un momento en que lo sacara de mi cabeza. A tus tías Cristina y Conchi las tenía desesperadas. No paraba de decirles lo enamorada que estaba, lo mucho que quería y necesitaba al Kunfu.

Mi madre hizo una pausa, cogió la cajetilla de cigarrillos y encendió uno. Era el final de la tarde. Estábamos en la terraza del piso y las sombras empezaban a ganar los edificios circundantes. Pronto sería de noche. Tras exhalar el humo del cigarrillo mi madre continuó.

—Mientras vivía aquel período, mientras escribía y recibía todas esas cartas de amor, me fui con la mitad de la familia al Hotel Varomar. Estábamos mi madre, mis hermanas Mari, Conchi, Cristina, Enrique, mi prima Toñi y yo. Íbamos reventadas de tanto trabajo, pero estábamos muy unidos todos. Allí, como sabes, tu abuela era la gobernanta. A pesar de estar contenta por estar con la familia, tenía pesadillas y dormía muy mal. El trabajo era horrible porque era un hotel nuevo y se aprovechaban por la cantidad de faena que había. Y eso no era todo, había unos cocineros muy marranos, sobre todo uno moreno que a mí me recordaba a un hombre que me hizo mucho daño de niña, uno al que llamaban el Cojo…

—¿El Cojo? —pregunté.

—Nunca le he contado a nadie acerca del Cojo —continuó mi madre y pude notar que le afectaba hablar del tema—. Quizás algún día te lo cuente, David. La verdad es que el tipo del Hotel Varomar era horrible y me recordaba mucho a él. Era espantoso ver a ese hombre, siempre decía alguna guarrada y con tanto trabajo no teníamos tiempo ni de salir y disfrutar un poco. Recuerdo que un día mi hermana Cristina llegó muy contenta y agitada y me dijo: «Dori, el Kunfu ha venido y me ha dicho que vayas al Papillion esta noche». Yo no podía estar más contenta, no sabía qué ropa ponerme para que me viese más guapa, solo deseaba abrazarlo y decirle lo mucho que lo quería. Habían pasados dos años desde la última vez que lo había visto.

—Mucho tiempo.

—Sí, mucho tiempo… Fui a la cita muy nerviosa, en dos años la gente puede cambiar mucho y no sabía qué intenciones tenía. Cuando entré en la discoteca mi corazón latía más de lo normal. Lo vi sentado y quise comerlo a besos, pero me controlé. Hablamos toda la noche. Me dijo que había roto con la novia definitivamente y que me había echado mucho de menos.

En aquel momento yo me sentía como una chiquilla de quince años. Le creía palabra tras palabra. Me sentía muy enamorada de él, cada vez más enamora, un amor sin final. A partir de ese momento empezamos a salir todas las noches. En algunas ocasiones venían tus tías y tíos. Otras noches estábamos los dos completamente solos.

—¿Qué año era? —pregunté

El cigarrillo de mi madre casi se había consumido completamente. La oscuridad ya era total. Me puse de pie un momento y entré en el piso para encender una lámpara. Cuando regresé mi madre encendía otro cigarro con la punta del cigarro casi completamente consumido.

—Era el año de 1988 —siguió—. Al mes de relación te concebimos en el pinar, bajo el cielo encapotado, como tantas veces te he contado… —Mi madre hizo una pausa larga, el humo ensortijado y gris se perdía más allá del balcón, hacia lo oscuro, hacia lo profundo. Luego continuó—: Aquella fue la primera vez en mi vida que no me sentí acosada ni violada… Sentía mucho placer y amor, tanto como una persona que puede amar.

—Poco después él te abandonó —dije.

—Estuvimos juntos dos veces más. Y entonces, de la nada, me dijo: «He vuelto con mi novia, lo nuestro tiene que acabar». ¿Dónde habían quedado todas las palabras de amor, todas las cartas, todas las caricias, todos los deseos, todos los susurros? No lo podía creer. Todas mis ilusiones se desvanecieron. De nuevo volví a sentirme usada. Por mi cabeza pasaban muchos pensamientos… Sentía mucho amor, muchas ganas de dar amor, y no tenía a nadie con quien compartir ese amor. Me sentía engañada, David. Quería a tu padre más que a nadie en el mundo, pero no lo había hecho, sino confirmarme que todos los hombres son iguales. Al menos lo son para mí... Lloré muchísimo. Me sentía rechazada, herida como mujer. Tu padre me había demostrado que no me había querido y que solamente había querido joder conmigo.

Dicho esto, mi madre arrojó la colilla del cigarro por el balcón. El fuego diminuto, brillante, anaranjado, se perdió en el vacío.

—A las pocas semanas se me retrasó la regla —continuó—. Yo no hacía más que pensar que estaba encinta. Un día me decidí y compré una prueba de embarazo. Me lo aconsejaron tus tías y les hice caso. Por la mañana me hice la prueba, pero no pude ver el resultado en aquel momento porque tenía que irme a trabajar. Les pedí a Conchi y a Cristina que vieran el resultado y al regresar me lo dijeran, ellas entraban a trabajar más tarde que yo y se enterarían antes. Aquella mañana no paré de darle vueltas a mi cabeza. Pensaba que estaba embarazada, que no lo estaba, luego de nuevo que lo estaba. Pensaba en cómo se lo diría a tu abuela. También pensaba en tu padre. Creía que al informarle sobre el embarazo él se comportaría como un hombre, me abrazaría, me diría que no me preocupase, que se haría cargo, que estaría allí y que ejercería como un buen padre... Todas las posibilidades giraban en mi cabeza al mismo tiempo.

—¿Y cómo te enteraste finalmente?

—Me enteré luego de salir de trabajar, al regresar al apartamento. Me lo dijeron tus tías. No necesitaron pronunciar palabra. Le vi las caras y ellas afirmaron con la cabeza. Eso fue todo. En ese momento, David, el mundo se me cayó encima. Era una mujer muy joven. Y había sido rechazada por tu padre. Me fui a mi habitación y me eché a llorar. Poco después tus tías llegaron y me dijeron: «Tienes que decírselo al Kunfu y luego hablar con madre». Yo le decía a todo que sí, pero por mi cabeza pasaban muchas cosas. Como Cristina trabajaba cerca de donde trabajaba tu padre, le pedí que fuera a verlo y que le dijera que esa misma noche iría a hablar con él. Según me contó Cristina después, él se puso muy violento al escucharla. Debió imaginarse el motivo por el cual quería conversar. Quedamos aquella misma noche, me acompañaron Paqui, Cristina y Conchi, pero les pedí que me dejasen hablar a solas con él. Estuvieron de acuerdo. Me dijeron que si se ponía borde no debía dudar en llamarlas, estarían esperando en un bar cercano.

—Puedo imaginarme la reacción de mi padre.

—Fuimos a los acantilados, siempre lo recordaré, era nuestro lugar preferido, allí fue donde te concebimos. Lo vi y su cara me lo dijo todo. Mi corazón iba a cien por hora y mi cerebro a doscientos. Comenzamos a hablar y, sin muchos preámbulos, le dije: «Vas a ser padre, estoy embarazada». Él respondió: «No quiero saber nada de ti ni del niño». En ese momento yo rompí a llorar, David, me estaba destrozando, me sentía impotente y únicamente se me ocurrió decirle la estupidez de que podía abortar. «Pero estás tonta, eso jamás», dijo. Lo demás ya lo sabes: el rechazo, la negación a hacerse cargo de nosotros, pero al mismo tiempo la determinación para que vinieras al mundo. «No eres nadie para opinar, has rechazado a nuestro hijo. De ahora en adelante no tienes hijo ni nada», grité. Entonces él me contestó algo que no olvidaré nunca. «No rechazo al niño, a la que rechazo es a ti. No te quiero y nunca te quise. Solo fuiste un pasatiempo de verano, una historia de meses. Yo quiero a mi novia y no la voy a dejar por tu culpa. Al niño, sí, lo quiero, pero no quiero responsabilidades».

Dicho esto, mi madre calló. En ese momento me arrepentí de haberme puesto de pie un rato antes para encender la luz. Hubiera sido mejor mantener la conversación en la oscuridad. Dejar que las palabras se fugaran lentamente, como un poco de memoria hacia el vacío, como un cigarrillo lanzado contra la noche. Comprendí que mi madre no quería hablar más, necesitaba un descanso, pero igual insistí. Recordé la llamada que hice a mis diez años. La ausencia tremenda en que se había convertido aquel «Al niño, sí, lo quiero» de mi padre. Todo era mentira. Esa figura efímera y borrosa que apodaban el Kunfu desaparecía una vez más al final de la escena. Mi madre no tenía una respuesta, yo ya no necesitaba la respuesta.

—No puedo seguir hablando sobre eso, David. Recuerdo cómo me sentía: humillada, mal querida, embarazada, y me duele.

En fin, ese es el Kunfu, mi padre.

7

El peso del pasado:
Heridas de una Madre y el Eco del Dolor

—¿La ausencia de mi padre era muy pesada para ti? ¿No recuerdas algún momento bonito de mi infancia que pudimos vivir sin él? —pregunté.

—La ausencia era pesada. Era un vacío tangible para mí, presente, constante, que no lograba olvidar ni en los momentos más bonitos, como durante tu primera comunión. En aquella época sentía que todo iba bien. Habíamos organizado tu comunión junto con Juanjo, ¿lo recuerdas? Yo estaba distraída con los preparativos, el mirar comidas, bebidas, cubiertos, todo… Me sentía muy entretenida. Como recordarás, lo celebramos en La Torre. Recuerdo que estábamos preocupadas por si llovía aquel día, pues no sabríamos en dónde meter a tanta gente.

—Pero no llovió —dije, divertido.

—No, no llovió. Yo llevaba una ropa preciosa que me compró tu abuela. Tú llevabas el traje que había utilizado en su comunión Jonathan. La verdad es que me dio mucha pena no poderte comprar un traje para que lo estrenaras ese día.

—Eso no es importante, madre.

—Lo sé, hijo, pero en ese momento lo era para mí. Llegó el día de la comunión y me sentí muy feliz por ti… Pero en el fondo de mis entrañas sentía pena por el hecho de que no estuviese tu padre contigo en un día especial. Cuando llegamos a la iglesia estaba nerviosa. Me sentía orgullosa de ti, pero también incómoda porque los otros niños iban acompañados por sus padres y tú no. En ese momento no pude evitar sentir mucha pena y envidia. Estuve seria durante toda la ceremonia. No la pase nada bien. Por primera vez me avergonzaba de ser una madre soltera.

—No debías avergonzarte —dije—. Fuiste valiente. La decisión que tomaste en su momento, el hecho de traer un niño al mundo sola, sin apoyo de una pareja, es admirable.

Mi madre hizo una pausa. Nos miramos unos segundos sin decir nada más. Poco después continuó.

—En La Torre nos hizo un día espléndido. Todo salió bien, aunque yo seguía muy seria. Miraba a la gente y los veía felices. Como te dije, David, estaba muy orgullosa de ti, por eso intenté reír y bailar, pero mi cuerpo estaba decaído, triste, ajeno a todo… En ese instante empecé a pensar en lo fastidiosa que es la vida. Mi madre estaba con Cristóbal, Cristina con Juanjo, Conchi con Ramón, Paqui con Pepe, Mari con José y Manolito con Mari. Todos tenían pareja menos yo… Me pasé todo el día pensando en lo mal que me había tratado la vida y la gente, y fue entonces cuando volví a pensar en suicidarme. Desde ese momento empecé a guardarme pastillas. Para mí no era nada fácil estar tranquila, distraída, ni siquiera durante cortos períodos de tiempo, siempre regresaban aquellos pensamientos, la injusticia, la crueldad.

Ahora comprendo todo el sufrimiento por el que tuvo que pasar mi madre. Los hombres que abandonan a una mujer no deben ser conscientes del daño permanente que pueden generar en una persona. Mi madre quería amar a mi padre, ser amada por él, criar a un hijo. Nada más. No parece tan complicado. Pero hubo mentiras, desprecio, crueldad. Sin embargo, no solamente por parte de mi padre. Desde su infancia mi madre vivió momentos muy traumáticos con diferentes hombres. Fue muy difícil para ella hablar de esto, y mentiría si dijera que me lo relató durante una larga y fluida conversación, al contrario, esta parte de su historia se hizo más fragmentada, como si se obligara a recoger los trozos rotos que le iba arrojando la memoria. Hubo interrupciones, silencios, reticencias, llantos, humo de cigarrillos ensortijados en la noche de Lleida. Pero poco a poco mi madre habló.

—Sí, hijo, la injusticia, la crueldad, el horror —continuó—. Ya te mencioné alguna vez a aquel muchacho al que llamaban el Cojo, pero no te conté quien es ni qué me hizo. Yo tenía siete años y en aquella época, de tanto en tanto, venía al pueblo el cine Benavente y con él venía el Cojo, que era amigo de mi hermano Antonio. El cine Benavente no era más que un espectáculo ambulante que, en una gran pantalla instalada en la plaza, proyectaba las películas de entonces. Los niños y adultos nos acercábamos en las tardes a ver la función. El billete no era costoso. En las películas se representaban historias de amor, de aventura, de grandes pasiones. Entre los empleados del cine Benavente estaba el Cojo. Aún recuerdo el miedo que me daba aquel chico. Como era amigo de mi hermano muchas veces iba a casa. Yo trataba de huir. Pero él se las arreglaba para cogerme en brazos y me obligaba a que le tocara el pene mientras él me tocaba a mí.

Sería imposible transcribir el horror y la entonación de las palabras de mi madre, el profundo dolor que pervivía en el relato. Además, como decía, esta no fue una conversación fluida. Más bien me da la impresión de que todo lo que me dijo lo reconstruyo con piezas sueltas y afiladas de un espejo roto.

—Mi hermano no era consciente de lo que sucedía. El Cojo era hábil y astuto para que nadie notara lo que estaba pasando en las narices de todos los demás. Por ejemplo, me tocaba por debajo de la mesa del comedor, una gran mesa redonda cubierta siempre por una enagua que ocultaban nuestras piernas. Aquella situación me hacía sentir mucha vergüenza y a la vez mucho miedo. Nadie veía nada, nadie intuía nada. Pero ahí estaba la mano violenta del Cojo, mi terror, el silencio. Cada vez que el Cojo venía a casa yo salía corriendo y me escondía, no quería verle, pero él de una manera u otra siempre se las apañaba para cogerme y tocarme y obligarme a que yo también le tocara. ¿Por qué nadie se daba cuenta? ¿Por qué yo no decía nada a nadie? No lo sé, no lo sé... El Cojo agarraba mi mano y se la llevaba a su pene. Como te dije, tenía solamente siete años, no era más que una niña. Aquello es lo más fuerte que me ha pasado en la vida y es la primera vez que se lo cuento a alguien. Pero eso no fue todo lo que pasó. Aquel toqueteo no fue sino el inicio.

El sufrimiento de una madre es nuestro propio sufrimiento. El humo de los cigarros se enredaba con la noche y en nuestro pequeño mundo, en este tiempo preciso, en este país, dentro de la historia, no existían sino las palabras de Dori, mi madre, que convocaba a todos esos demonios, quizás para expulsarlos definitivamente, quizás para arremeter contra el silencio que se obligó a adoptar y que ya no quería seguir guardando.

—Lo peor sucedió un día que vino a casa solo. Yo fui a abrir la puerta. Al ver que era el Cojo traté de cerrarla, pero él puso el pie y me lo impidió. Rápidamente, incapaz de darme cuenta de nada, me cogió en brazos y me tapó la boca para que no chillara. Entonces, sin pronunciar palabra, serio, renqueante, con el bamboleo que lo dominaba, me llevó hasta el habitáculo en donde guardábamos los animales. Abrió la puerta, en silencio, sin necesidad de espantar a las asustadizas gallinas, sin perturbarse, sin inquietarse por lo que ya sabía que iba a hacer. Todavía me llevaba en brazos. Nos miramos a los ojos un instante y me arrojó al suelo. Yo traté de escapar, pero el Cojo me dominó con su fuerza. Era mucho más grande que yo. Sobre el suelo me cubrió con su inmenso cuerpo. «No voy a hacerte daño» —susurró, «pero si le dices a alguien algo de esto, te mato». Empezó a tocarme. Yo luchaba. «Si dices algo, te mato. Si dices algo a tu madre te va a meter en un colegio interno y tus hermanos te van a dejar de querer», continuó. Luego, con lentitud, pero con firmeza, me bajó la bragueta con una mano y con la otra me tapó la boca. Entonces se movió con brusquedad e intentó penetrarme. Se movía violentamente y yo no podía sino llorar del dolor que sentía. Quería escapar, huir, correr, lo intentaba, pero todo era inútil, su peso era mucho mayor que el mío. Seguía intentando penetrarme y lo único que yo sentía era mucho dolor. Creo que entonces me desmayé, porque no soy capaz de recordar nada más. Solo sé que me desperté sintiendo un gran dolor abajo. Al mirar detallé una línea de sangre que se deslizaba por mis piernas, indetenible, culpable, silenciosa. Al ponerme de pie, ni el dolor ni la sangre habían amainado. Quise decírselo a mi madre, por supuesto, pero sentía mucho miedo, un miedo hondo y profundo motivado por las amenazas del Cojo, y finalmente no dije nada. Al día siguiente el cine Benavente se marchó del pueblo, y con este el hombre malo, el lobo, el Cojo. Lejos de terminar, creo que fue a partir de ese día que comenzó todo. Estuve muchos días con pesadillas por las noches y sin querer hablar con nadie. Ahora que soy una adulta entiendo perfectamente que lo que me pasó fue una violación, una violación a una menor, a una niña. Pero entonces no podía saberlo. Solo sentía miedo, vergüenza, tristeza, un profundo desamparo y desolación. Desde aquel día, a mis siete años, nunca volví a ser la misma. Había cambiado, me había vuelto vergonzosa y rebelde. Fue una situación que marcó un antes y un después en mi vida.

Con el retrato de la niña que fue mi madre entre las manos, con la violencia que encarnaba aquel habitáculo en donde guardaban los animales en un pueblo lejano de Andalucía, un pueblo que ya no es el mismo, cambiado por los años y su gente, podía comprender mucho mejor el sufrimiento de la mujer adulta, el silencio, la introspección, las dudas y desconfianza hacia los hombres y todo el desencanto que había sentido hacia la vida. Esa no fue la única violación que sufrió mi madre. Noche tras noches, compartiendo cigarrillos y frases sueltas, escuché la historia del Hotel Los Elios.

—Cuando cumplí los dieciséis años empecé a trabajar en los hoteles junto con tu abuela Enriqueta. El trabajo era largo y cansado. Recuerdo que había tenido un conflicto con mi cuñada, una incomprensión que escaló hasta el punto en que casi golpea a tu abuela. La vida de los adultos se abría antes mis ojos, con toda la violencia, intolerancia y competiciones encarnizadas. Pero esto no es importante. No llevaba mucho tiempo en el puesto cuando conocí a un británico, Fredic, que se hospedaba en el hotel. Era bastante guapete y no sé cómo, pero acabamos enrollándonos. Por las noches íbamos a la discoteca Papillon. Nos besamos unas cuantas veces, pero no hubo más. Una semana antes de irse, Fredic me invitó a su habitación para tomar algo. Yo acepté. Cuando llegamos a la habitación, él, sin mediar palabra, me empujó sobre la cama. Yo traté de levantarme, pero me lo impidió, poniéndose encima de mí, haciendo fuerza con su cuerpo para inmovilizarme, tal como lo había hecho nueve años atrás el Cojo. Fredic me sujetó las manos con fuerza, una fuerza animal y descontrolada, y empezó a besarme al tiempo que intentaba abrirme las piernas. Yo se lo impedía como podía. Lloraba y le rogaba que me dejase; pero él no hacía sino jadear sobre mi cuerpo, sordo, insensible, lascivo. Una y otra vez yo intentaba cruzar las piernas. Lo intentaba con todas mis fuerzas, pero no lo conseguía. Él siempre me las separaba. Como el Cojo, Fredic tenía más fuerza que yo. Una energía salvaje, irracional, parecía dominarle. Me movía, lo golpeaba sobre la espalda, gritaba, pero él restregaba su asquerosa cara por todo mi cuerpo y al final me penetró en esa habitación del Hotel Los Elios. Me dolía mucho. En la medida que me penetraba, yo seguía suplicándole que se detuviera, que me dejara en paz, pero él no hacía sino jadear sobre mi cuerpo. La situación me dio tanto asco que vomité sobre la cama. Pero esto no le importó a Fredic. El vómito se enfriaba junto a nosotros, pero él no se detuvo hasta que se corrió. Una vez que terminó, me dijo que yo le había provocado, que todo había sido culpa mía. Yo, sin decir nada, me puse las bragas y me fui a llorar. Lloré toda la noche. No podía entender lo que había sucedido. No podía dejar de darle vueltas en mi cabeza. ¿Qué había hecho para provocarle?, me preguntaba. No tenía una respuesta. Jamás se lo había contado a nadie.

No podía ver a mi madre en la oscuridad del balcón mientras hablaba. Aquel día había elegido no encender la luz.

—Fue una violación. Fui obligada. No deseo a nadie lo mal que se pasa después.

Yo no podía decir nada. No quería decir nada. Solamente deseaba que la oscuridad nos sumergiera, silente, tibia, total.

—Al día siguiente le dije a mi madre que me quería ir de ahí —continuó—. Le mentí, le dije que no aguantaba trabajar en los hoteles, que la gente me trataba mal, los compañeros me puteaban y que la gobernanta me tenía entre ceja y ceja. Tampoco en esta ocasión le dije la verdad. Yo, mientras tanto, me estaba volviendo loca preguntándome qué había hecho para provocar a aquel británico, qué podía haber hecho para que mi llanto, mis gritos, mis súplicas, mi vómito, mis golpes y mi resistencia no lo contuvieran. ¿Qué había hecho para merecer aquello? Me sentía culpable y no sabía por qué. Estuve una semana encerrada en la habitación, por miedo a encontrarme con Fredic. Finalmente, mi madre me sacó de ahí y pude volver a Lleida.

Encendimos dos cigarrillos más.

—Lo sucedido con el británico para mí fue una gran humillación como mujer y una vejación horrorosa. Jamás podré olvidar aquello. El Hotel Los Elios, al recordarlo después de tantos años, solo me trae odio e impotencia. A partir de ese día volví a sentirme mal, abatida. No encontraba otra forma de expresar mi frustración y dolor, sino con más rebeldía en casa, con mal genio y con cambios bruscos de carácter. Aquello, no sé por qué, pero me había dolido más que la situación con el Cojo. Quizás era más vulnerable, quizás estaba más herida. Desde luego, estos fueron los dos hombres que más han influido negativamente en mi carácter y en mi vida, y lo más probable es que ninguno de ellos me recuerde, me considere o siquiera se haya detenido a pensar a lo largo de los años que la niña de siete años y la adolescente de dieciséis existe.

Mi madre dejó de hablar y me di cuenta de que lloraba. Pero el llanto era un desahogo. Se sentía mejor tras el relato. Por todo lo que vivió, para mi madre siempre fue muy difícil volver a creer en un hombre y, mi padre, con su actitud, no hizo sino ahondar la herida. Sin embargo, volvió a confiar una vez más.

Cuando yo rondaba los diez años tuvo una relación sentimental con Franqui. Parecía un hombre atento que se preocupaba por ella. La relación, según me contó mi madre, estuvo dividida en dos etapas. La segunda vez que salieron era común que Franqui fuera a casa y se quedara hasta largas horas de la noche hablando con mi madre en el salón o en la terraza.

—Tras la muerte de Pepe me había separado mucho de la familia, no quería que me viesen mal porque estaba muy deprimida. Cuando estaba en casa lloraba, dormía y pensaba en la muerte, pero entonces pensaba en ti, hijo, y en mi madre y hermanos, y comprendía que les haría mucho daño y que sería muy egoísta si intentaba quitarme la vida otra vez. Además, por entonces estaba con Franqui. Estábamos a las puertas del nuevo milenio. Hablaba mucho con Franqui, fumábamos porros y de vez en cuando nos acostábamos juntos. Él me decía que me quería y que le empezaba a gustar mucho. Yo le creí. Después de hacer un esfuerzo para dejar mi desconfianza a un lado, le creí.

Entre las situaciones que afectaban a mi madre en esa época una era la repentina muerte de Pepe, el esposo de mi tía Paqui. Pepe, que era mi padrino de bautizo, murió en un accidente laboral: un muro de concreto y ladrillos le cayó encima en una obra. Estaba junto a su sobrino, al que pudieron rescatar, pero Pepe murió. Puedo entender que para mi madre fuera un momento muy difícil. Yo recuerdo muy bien la muerte de Pepe. En aquella época mi entorno ya era bastante gris, pero en ese momento se expandió a toda la familia. No era capaz de entender que no fuera a ver a Pepe nunca más. No puedo ni imaginar lo que habrá sentido mi madre entonces. Era el verano de 1999. Una de esas noches mi madre, para intentar conciliar el sueño, tomó cinco Tranxilim y diez Noctalmi. Pero como no lograba dormirse, llamó a Franqui y le contó lo que acababa de hacer. Según me relató mi madre, él le estuvo aconsejando por teléfono, le recomendó que no tomara más pastillas y en un momento de la noche decidió ir a casa para estar cerca de ella.

—Le pedí a Franqui que se quedara a dormir —contó mi madre—. Aquella noche hicimos el amor. Él se quedó dormido casi inmediatamente después. A mí me constó un poco más, pero también pude dormir. Al día siguiente me levanté a las siete de la mañana. No había nada de comer en la casa y yo solamente tenía veinte euros. Decidí ir a la panadería y comprar algo de pan. Le hice el desayuno a Franqui y, después de comer, se fue. Al irse, me quedé igual de deprimida a como estaba antes de que llegara. Fue un tiempo donde me sentía muy triste, mis hermanas estaban en la playa y yo me sentía sola, sin dinero y sin nadie con quien hablar. No tenía a nadie cerca para decirle cómo me sentía y que la idea de quitarme la vida me rondaba constantemente por la cabeza. Solamente lo sabía yo, en mi soledad y en mi silencio. Por momentos, sin embargo, gobernaba más mi corazón que mi cabeza y lograba controlar estos impulsos. Fue por aquella época cuando dejé de comer.

Mi madre, durante la depresión, estuvo largos períodos sin comer. Parece mentira, pero llegó a pesar poco más de treinta kilos. No comía absolutamente nada. Después de los intentos de suicidio, esto fue lo peor. Durante un tiempo tuvo que llevar una sonda gástrica (nosotros la llamábamos la trompeta) para ser alimentada. Era extremadamente duro escuchar a mi madre vomitar en el baño, absolutamente negada a probar bocado, como dejándose ir, ligera, enflaquecida, casi invisible. Me cuesta entender esta actitud de mi madre: por una parte, se quería quitar la vida para no hacerme daño y, por el otro lado, me hacía daño cuando no comía.

Realmente los trastornos alimenticios son muy difíciles, tanto para quien los sufre como para el entorno.

—Perdí quince kilos, no quería comer y si lo hacía vomitaba. La psicóloga me decía que debía comer porque si no me convertiría en anoréxica. No le daba importancia, yo creía que lo tenía controlado. Lo cierto es que, aunque pasaban los días, yo seguía comiéndome la cabeza con la idea de la muerte. Intentaba pensar en los míos y despejarme. Sabía que ellos jamás lo entenderían. La verdad es que no sé por qué sentía tantas ganas de matarme.

Mi madre no me ha hablado más de aquellos meses, pero puedo adivinar que la idea de la muerte se hizo cada vez más insistente. En octubre de ese año intentó quitarse la vida ingiriendo un centenar de pastillas. Todo este período es borroso para mi madre. La confusión fue total. Tensó el arco de la lucidez hasta límites insospechados. Y me da la impresión de que, al recordar aquello, por momentos para ella es imposible separar ciertos pensamientos irreales de otros momentos de angustia real, separar los sueños de las pesadillas. Todo se mezcla. No recordaba nada. Tuvimos que decirle nosotros que había estado entre la vida y la muerte. Estuvo dieciocho días en un coma profundo. Solo al despertarse pudo ver las máquinas que tenía conectadas a los pulmones y al corazón para mantenerla con vida.

—¿Qué ha pasado? ¿Dónde estoy? ¿Contestadme qué ha pasado? —preguntaba mi madre.

—Lo volviste a intentar. Intentaste suicidarte una vez más —contestamos.

Ella seguía sin recordar nada. Pero al despertar del coma, a mi madre le esperaba otra sorpresa. Todavía no se había terminado de recuperar cuando descubrió que Paqui, la viuda de Pepe (quien había muerto en el accidente laboral pocos meses atrás), había iniciado una relación sentimental con Franqui. En pocas palabras, la hermana, recién viuda, le había quitado el novio. Una vez más un hombre le había dado la espalda, le había mentido y, en esta ocasión, como si aquello no fuera suficiente, su misma hermana había sido parte del desencanto.

A raíz de esto, mi tío Manolo dejó de hablar a Paqui. Parte de mis primos también se distanciaron. Me di cuenta de que la familia se estaba cayendo a pedazos. Hubo acusaciones, discusiones, tensión. Fue una época complicada para todos. Durante aquellos momentos de alejamiento y separación yo fui el único (y lo digo con orgullo) que continuó manteniendo un vínculo entre todas las piezas disgregadas. Mi tía Paqui y mi tío Manolo para mí eran los mismos, por más que tuvieran sus conflictos. Siempre me mantuve al margen de los problemas que pudieran tener entre ellos. Y el tiempo me dio la razón. Hoy en día me dan las gracias, pues fui el único que siempre se comportó igual con ellos.

No obstante, para mi madre todo seguía siendo extremadamente duro. Parecía que no debía confiar nunca más en un hombre. Las experiencias de su niñez y adolescencia, además de la de mi padre, no le dejaban muchos resquicios a la esperanza de conocer a un hombre decente. Cada vez encontraba menos motivos para confiar, y el dolor y la desesperanza abrían un hoyo más profundo en su corazón.

8

Sombras de la Infancia y la Búsqueda de Luz en la Adolescencia

Contada la historia de mi madre, su contexto, sus experiencias, las injusticias vividas y los dramas, creo que se entiende un poco mejor el porqué de cierto desencanto hacia la vida, el porqué de tanta desconfianza hacia los hombres. Las ausencias de mi madre durante mi infancia fueron largas y recurrentes. Y mi abuela Enriqueta, como he dicho, se convirtió en mi fuerza y mi guía.

Durante mi niñez lo que más le dolía a mi abuela Enriqueta era que yo no comiera. Como dije era un niño rebelde, precoz, la situación con mi madre, las largas ausencias, las cartas de suicidio, la soledad, el miedo, el *bullying*, todo esto me atormentaba y de alguna forma tenía que salir. En muchas ocasiones explotaba y la persona que estaba más cerca para recibir todo lo que me frustraba, me llenaba de incertidumbre y me aterrorizaba era mi abuela. Podía discutir con ella por las cosas más simples y tontas, como por ejemplo que no me ayudara a buscar unas zapatillas, o por no querer hacer los deberes, o porque simplemente no me escucharan. Cualquiera de estas situaciones cotidianas me molestaba mucho y entonces, para hacer daño a mi abuela, yo dejaba de comer. Llegué a estar sin comer hasta una semana.

Recuerdo a mi abuela angustiada, sirviéndome un plato de comida que yo rechazaría con insolencia, con indignación, para luego retirarme a mi habitación. Un día tras otro lo mismo. Podía sentir la desesperación de mi abuela, la aflicción cada vez que rechazaba uno de los platos. Aquellas molestias de niño, nacidas de momentos muy tontos, pero cuyo origen estaba muy claro (soledad, miedo, frustración, terror), como dije, podía alargarse mucho tiempo, quizás demasiado.

Pasado este tiempo, mi abuela, bañada en lágrimas, ya desesperada para que su nieto comiera, me suplicaba:

—¡Niño, enfádate conmigo, pero no con la comida!

Entonces los dos llorábamos, nos abrazamos, nos decíamos que nos queríamos, nos disculpábamos por esa semana de silencio e indiferencia y yo volvía a comer.

De cierta manera era un niño que necesitaba atención. Necesitaba que me notaran. Tenía que dejar de sentirme invisible, inmaterial, intangible. Yo era de los niños que se iban de casa, molestos, pero con la mirada para atrás, con la esperanza de que alguien lo buscara y le dijera: «No te vayas». Pero nunca nadie fue a buscarme. Quería protección. La necesitaba. Y por eso explota por situaciones en apariencia insignificantes. Durante esos años de mi infancia necesitaba urgentemente que alguien se acercara a mí y me diera un abrazo. No sucedía con la frecuencia que lo necesitaba y entonces volvía a explotar, a reclamar con las herramientas que poseía un poco de protección, de ternura, de visibilidad, de amor. Era un ciclo constante. Algo de nunca acabar.

Hubo demasiados momentos traumáticos durante este período de mi vida. Como persona racional, toda la vida he buscado la lógica a la injusticia, a las habladurías y a los hechos cometidos. Desde bien pequeño, la impulsividad ha sido una característica propia de mi comportamiento, pero, día tras día, año tras año, he trabajado para disminuirla progresivamente. No obstante, en momentos de estrés o agotamiento, a la mínima situación que me afecta emocionalmente, florece y reluce la persona que con tanto afán intento arrinconar. Aquel hombre que habita en mí me avergüenza, sobre todo por el hecho de no conseguir desprenderme de él para siempre.

Tantos conflictos personales, sin embargo, no detenían los acontecimientos cotidianos y corrientes de la vida. Entre avatares, frustraciones, oscuridad y pesadillas ingresé en la ESO. Y, en lugar de ser un momento nuevo y hermoso, una nueva experiencia y aventura, fue otro infierno.

Cuando ingresé en la ESO, con doce años, las cosas no mejorarían. Como expliqué más arriba, desde los seis hasta los diez años había dejado de crecer. Si bien mi crecimiento se había recomenzado a los doce años, era un niño muy pequeño, frágil, diminuto. Contrastaba completamente con mis compañeros de clases. Inmediatamente, me di cuenta de que mi vida entre ellos sería muy difícil (los jóvenes por naturaleza son muy crueles) y entonces me inventé una historia que me permitiría sobrevivir esa etapa de mi adolescencia sin demasiados insultos y moretones. Les dije a mis compañeros que yo era un niño prodigio, un estudiante ejemplar, que en realidad no tenía la edad para ingresar en la ESO, pero que mis excelentes calificaciones y mi superioridad intelectual habían hecho que me adelantaran varios cursos. Mis compañeros de clases, entre extrañados y sorprendidos, me escucharon en silencio. Me veían desde arriba: me sacaban varias cabezas. Todos me creyeron. Mi cuerpo de un niño de siete u ocho años avalaba y respaldaba mis palabras.

Afortunadamente, por otra parte, no ingresé a la ESO solo, estaba con mi primo Juanjo; tenemos la misma edad. Estudiamos en el Instituto Màrius Torres, uno de los institutos públicos más antiguos de Cataluña. Fue fundado en 1843 y por él han pasado grandes personalidades de las artes y las ciencias. Es un edificio muy grande, de dos plantas, lleno de aulas, con largos pasillos y sótanos. Una de las personas más entrañables de todo el Instituto Màrius Torres era el conserje. Recuerdo que todos los estudiantes lo teníamos en un pedestal. Era un señor bajito, canoso, regordete, simpático. Y, lo mejor de todo, era un alcahuete con los alumnos. Nos protegía de los profesores.

—Cuidado, chaval, ahí está la profesora de matemáticas —nos advertía.

Y, también:

—Afloja un poco que ese te está mirando fijamente.

Era realmente un hombre encantador y de los mejores recuerdos que tengo de mis años en la ESO.

El primer trimestre me encontré bastante bien gracias a la historia del niño superdotado. Mis compañeros no me molestaban ni hacían *bullying*. Yo me comportaba en clases como el personaje que había inventado, serio, señero, distante, elevado, instruido. Ese fue uno de los momentos que me permitió comprender que la ficción muchas veces es parte fundamental de la vida. Recuerdo la historia de un profesor que nos contaba sobre un hombre que siempre llevaba una máscara, no se la quitaba nunca y un día descubrió que la máscara ya era parte de su cuerpo, ya no podía deshacerse de ella. Yo había construido una coraza, sí, y llevaba muchas máscaras con las que lograba percibirme como parte de aquel mundo al que sentía que no pertenecía, me parecía que de cierta manera mi historia y mi vida era diferente a la de los demás.

Recuerdo, por ejemplo, que odiaba quedarme en el comedor del instituto. Mis compañeros se iban para sus casas, a comer con sus padres y su familia, y yo me quedaba ahí, en el inmenso refectorio, completamente solo. No podía ir a mi casa. Mi abuela Enriqueta estaba trabajando y mi madre, por regla general, no estaba.

El primer trimestre fui el niño superdotado, pero cuando nos entregaron las calificaciones todo cambió. A mí no me gustaba estudiar, no se me daba bien. Y cuando mis compañeros descubrieron que todo era mentira, que tenía la misma edad que ellos y que no era ningún prodigio, inició un verdadero infierno.

Al desmoronarse la mentira, muchos de los niños empezaron a pegarme, a escupirme. Al principio tuve el apoyo de varios de mis primos mayores, que me defendían. Pero cuando ellos terminaron la ESO, me encontré completamente desamparado. Por mi cabeza solamente pasaba una palabra: ¡Socorro! Ante estos problemas no recibí ningún apoyo de los profesores. Para ellos, como para tantas otras personas, yo era poco menos que invisible. Sentía que me estaban minimizando. En todo momento me dejaban de lado. No hacían nada, no actuaban. Como si controlar aquellos maltratos de los otros niños dentro del colegio no fuera parte de su responsabilidad.

Mi madre, al verme regresar a casa con moretones, decidió ir a reunirse con los profesores.

—Como le pase algo a mi hijo otra vez, cualquier cosa, así sea un pequeño rasguño, que los niños que lo tocaron corran. Se los advierto. No respondo de lo que vaya a hacer —dijo mi madre durante aquella reunión, completamente indignada.

Pero después de la reunión los profesores tampoco hicieron nada y la situación no cambió. Una vez, a la salida del instituto, una niña me pegó. Una de mis tías lo presenció todo y se lo comentó a mi madre. Ella acababa de salir del psiquiátrico y recuerdo que fue conmigo al día siguiente para enfrentarse a la niña.

—¡Qué sea la última vez que le pegas a mi hijo! ¿Me escuchaste bien? Si lo vuelves a tocar te rajo. Si lo vuelves a tocar te mato. Y, ¿sabes qué?, no iré a la cárcel porque estoy loca, iré al psiquiátrico. Además, deberías saber que eres la hija de una puta —gritó mi madre aquel día, ante la cara de terror de la niña.

Le dijo muchas cosas más, algunas cosas terribles. Por supuesto, eran palabras y actitudes de una persona que no estaba bien. Sin embargo, y puede parecer una chorrada, aquello me hizo sentir muy bien. Nunca nadie me había defendido con tanta determinación y valor, y eso era exactamente lo que necesitaba en mi vida: alguien junto a mí, que me apoyara, que me entendiera. Ver que alguien intercedía por mí ante una niña que me agredió fue muy importante. Me sentí protegido, querido, amado por mi madre. En definitiva, sé que suena feo, pero gracias a aquella agresión verbal sentí amor, sentí mucho amor. Mi madre estaba dispuesta a dar su vida para protegerme. ¡Era maravilloso! No obstante, saber que ese amor nacía de un acto tan oscuro fue algo difícil de entender y de asimilar.

Afortunadamente, al poco tiempo de aquello hice un pequeño grupo de amigos en la ESO. Estaba con mi primo Juanjo, con Álvaro, con Araceli. Éramos el grupo de los frikis. A partir de ese momento la situación cambió poco a poco. Al menos en lo que se refiere a la violencia física. Entre todos nos hicimos más fuertes y solidarios. Nos hacíamos llamar El club de los auténticos.

Mi madre, debido a la situación que había vivido y estaba viviendo, sentía que se encontraba por debajo de la sociedad. Y yo me sentía exactamente igual. Por este motivo no le encontraba sentido o importancia a la educación. Me negaba a aprender, me daban manía las lecciones, le tomé aversión a los libros. Me negué, por ejemplo, leer a Cervantes porque nadie me explicó la importancia de leerlo, sencillamente aquello parecía una orden, una imposición.

—Vamos a leer *Don Quijote de La Mancha* durante este curso. Todos debéis leerlo. De principio a fin —dijo el profesor.

—¿Por qué debemos leer este libro? —pregunté.

—Porque lo digo yo. Debes leerlo y hacer un resumen.

Parecían no existir motivos, causalidad o lógica dentro de la ESO. Esto me desmotivaba y me alejaba cada vez más de lo que me parecían imposiciones y órdenes absurdas. En consecuencia, me iba a El rincón del vago (una página de internet que estaba en auge por aquellos días), me descargaba un resumen, lo imprimía y lo entregaba sin pensar más en el asunto.

Años después leí y releí con deleite y regocijo Don Quijote de La Mancha y otros libros de Cervantes. Me gustaron mucho. Los disfruté. Entonces me di cuenta de que el problema no era mío, sino de los profesores, de la manera tan basta, ordinaria e indelicada con la que daban órdenes a unos adolescentes sin antes intentar seducirlos para que se apasionaran por lectura, o al menos para guiarlos dentro de un terreno que para ellos, a su edad, seguía siendo desconocido.

No me veía reflejado ni aceptaba las perspectivas de futuro que me ofrecía la ESO, ni como persona, ni como profesional. Por esto, en gran medida, aquella era una etapa oscura. No me encontraba cómodo. No era capaz de ver un camino. Pero no todos los profesores fueron tan insensibles y desatentos a las necesidades de sus alumnos como el de literatura. Recuerdo a la profesora de religión, quien me ayudó mucho. Ella enseñaba desde una visión amplia, cosmológica, llena de matices y posibilidades. Sus clases nada tenían que ver con el catolicismo. Hablaba lo mismo de Cristo que de Buda y Alá. Definía a Dios como una energía. Según nos contaba en aquellas lecciones, tan llenas de misticismo y verdades inmarcesibles, todo podía ser Dios.

—Dios es todo y, al mismo tiempo, es nada.

Aquellas clases de religión me maravillaban. Me sentía, como en ninguna otra lección, dentro de un mecanismo vasto, profundo, en donde las piezas disímiles de el real y tangible encontraban un sentido dentro de un universo más grande, inimaginable, inefable, tremendo, cabal. Era como si dentro de esta realidad, dentro del mundo telúrico y concreto, se abrieran fisuras por las que se podía vislumbrar algo más profundo y elevado: la inmanencia de Dios. Por momentos recordaba el relato de mi madre sobre la noche de los rayos azules en el cielo encapotado de Cataluña. Aquella noche en que me concibió y en la que los mecanismos secretos se confabularon dentro de un todo para que yo viniera al mundo. La clase de religión me puso en contacto con mi parte metafísica, mística, ecuménica. La clase de ética, por otra parte, me empujó a los valores, a la razón, a los pensamientos humanos, a la búsqueda de grandes hombres dentro del caos de la vida.

El profesor de ética nos hacía reflexionar, pensar, elucubrar sobre muchos temas de una importancia que sentía y todavía siento muy relevantes. Recuerdo que para mí aquellos no eran temas fáciles de tratar: la ética, la moral, los valores. Eran temas resbaladizos, llenos de matices. Muchas veces parecía que nos deslizábamos sobre arenas movedizas. Todo era relativo, según el punto de vista. Todo podía ser pensado de otra manera. Esto amplió mi forma de pensar. Si bien era una materia complicada y muchos de los temas que tocábamos no los entendíamos en su totalidad, esta fue una asignatura que me hizo mucho bien. Y hoy puedo decir que creo más en la ética que en la moral.

También la clase de sexualidad fue tremendamente importante para mí. Yo era un adolescente con muchas preguntas, bastante solitario, precoz, sin mencionar los traumas y conflictos que tenían por todos los problemas que estaba viviendo mi madre.

Durante una de las clases de sexualidad, le pregunté al profesor:

—¿Por qué después de masturbarme me deprimo y siento una gran tristeza?

Mi pregunta era muy válida y lógica y el profesor me la contestó muy bien. No había nada de incomodidad, el docente nos hacía sentir a gusto y sin prejuicios con estos temas que la sociedad generalmente tacha de tabúes.

—Es una situación completamente normal —me contestó—. Después del éxtasis de la masturbación, del subidón que se siente, viene un bajón, una especie de pequeña depresión. No deben sentirse mal por esto. Es un proceso completamente natural.

Como adolescente, resolver y conversar sobre todas estas incertidumbres fue muy importante. Estoy convencido de que, a nivel educativo, es fundamental trabajar sobre estas cuestiones.

Sinceramente, creo que aprendí más en las asignaturas de Religión, Ética y Sexualidad, que en todas las demás, las mal llamadas «asignaturas importantes», como matemática, literatura o lógica.

Las matemáticas, por ejemplo, no se me daban nada bien. La verdad es que ni me molestaba en tratar de aprenderlas. Lo cierto es que no sé dividir. Soy una persona sumamente pragmática. Nunca he comprendido por qué debemos aprender a dividir si tenemos a mano las calculadoras. Tampoco ningún profesor se dedicó a explicarme la importancia de hacer estos cálculos mentalmente. Como siempre, la mayoría de los profesores se dedicaban a dar órdenes y poco más. Debíamos hacer esto y aquello otro y limitar las preguntas sobre las razones o los motivos por las cuales debíamos hacerlo. ¿Dividir? ¿Para qué?, pensaba yo. ¿Por qué voy a subir por las escaleras cuando hay un ascensor? ¿Por qué voy a hacer cálculos mentalmente si tengo una calculadora?

No obstante, en Primero y Segundo de la ESO las matemáticas se me dieron razonablemente bien. Pero en Tercero y Cuarto cambió la canción. En los cursos superiores ya no entendía nada. Todavía hoy, al ver las lecciones de Tercero y Cuarto de la ESO, no las entiendo.

Esto era en el ámbito educativo. En el ámbito social, tan importante para un adolescente como todo lo demás, tampoco me encontraba cómodo. Me daba cuenta de que mis compañeros estaban muy bien definidos, tanto en sus gustos como en su forma de vestir. Todos tenían un "estereotipo" en donde era fácil ubicarlos a nivel estético. Yo, en cambio, no me sentía cómodo, no me encontraba a mí mismo a nivel visual. Me miraba al espejo y no sabía cuál era el aspecto que me definía. En este sentido estaba completamente perdido.

Pero mi incomodidad estética no impidió que una chica se fijara en mí. Durante la ESO fue la primera vez que sentí que era visible para las chicas. Ella no me gustaba, pero que reparara en mí me hizo sentir francamente bien, aquello fue un alimento importante para mi ego.

Recuerdo que se lo conté a Araceli, una de mis mejores amigas, parte central de El club de los auténticos, una chica con un genio tremendo y que siempre dice las cosas con claridad. Conversamos sobre ello. Pero como la situación me hacía sentir bien, ¡una chica se había fijado en mí!, y esta sensación placentera de cierta manera me alejaba de mis problemas, insistía una y otra vez sobre el tema. Ella, Araceli, en cierto momento se hartó de escucharme. Estábamos en una clase de música, en un salón grande, luminoso, pero casi sin ningún instrumento musical; la verdad es que de clase de música aquella clase tenía muy poco. No recuerdo exactamente qué le dije en aquel momento, pero ella, con un movimiento imprevisto, se giró hacia mí y me gritó:

—¡Ya basta! ¡No me rayes!

Yo di un brinco sobre el asiento al escuchar la reacción de mi amiga. ¿Qué no te raye?, pensé. Luego cogí un bolígrafo y le rayé todo el brazo.

—Aquí tienes la raya —le dije, eufórico, divertido.

Araceli miró la raya, sorprendida, sin saber cómo reaccionar. Luego me miró a mí, que sonreía, volvió a ver la raya y finalmente me dio una hostia.

No había mucha música en aquella clase de música, pero estábamos nosotros, adolescentes, inseguros, emocionales, para recrear este tipo de escenas. Una escena que, si me apuran, se podría definir como la sinfonía de los adolescentes: un juego serio, una tonadilla caótica, una incomprensión, un compañerismo, una camaradería, una amistad. No todo era completamente malo en la ESO. Fue un período oscuro en mi vida, pero me permitió conocer personas valiosas.

9

*El niño que Nadie vio
y el Adolescente que luchó*

Desde muy pequeño siempre fui el único en conocer todos los conflictos, fases y situaciones por las que pasamos en la familia. Mis primos, menores o mayores, estaban en la ignorancia. Se dedicaban a jugar y tenían una infancia como la de cualquier otro niño. Pero yo, como quería saber constantemente lo que le pasaba a mi madre, siempre estaba con los mayores. En consecuencia, sabía todo y me convertí en algo más que un sobrino. Era como un hijo más de mi abuela Enriqueta, alguien que estaba de tú a tú con los tíos. Como escribí más arriba, y tal como me dijo mi abuela, yo era su noveno hijo. Este sentimiento lo incrementaba el hecho de que tengo los mismos apellidos que mis tíos. De cierta manera me parecía que había relevado a mi madre de su función. Y mi abuela, por el hecho de educarme de mayor, me hizo sentir que para ella yo era más que otros familiares. Todo esto me llenaba de orgullo.

—Es muy feo lo que te voy a decir, no se lo digas a nadie, David, pero eres al que más quiero de todos —me decía mi abuela Enriqueta con su infinita dulzura y bondad.

Conocer y escuchar esto era algo muy hermoso e importante en mi vida.

En la ESO continuaba con bastantes problemas. Muchas veces defendía a mi primo Juanjo, pero él nada que ver. Sinceramente, no tenía relación de amistad con varones. Tenía más amigas. Pero, además, como muchos de mis compañeros se conocían de antes y muchos de ellos habían compartido en los colegios, los grupos ya estaban formados y era muy difícil pertenecer a estos pequeños conciliábulos de adolescentes.

Aprobé malamente el primero y segundo curso, empollando. Pero en el tercer curso descubrí lo que cambiaría el destino de mis estudios para siempre: las chuletas.

Recuerdo que teníamos una profesora a la que llamábamos *La Hitler*. Era una mujer sumamente estricta y sus clases eran bastante difíciles. Fue durante este curso en que me convertí en un experto haciendo chuletas. En retrospectiva, creo que para mí (sin ser una ironía) esta era una forma de estudiar. Mientras copiaba las respuestas desde la chuleta hasta la hoja del examen me empapaba de conocimiento. No sé si era por la tensión a que me descubrieran o porque ponía toda mi atención en copiar palabra tras palabra, sin fallos, pero al salir del examen (en el que me había copiado de cabo a rabo) conocía los temas que desconocía al iniciar la evaluación. Era curioso, y aquello no deja de ser simpático.

Con esta y otras tácticas pude aprobar los cursos.

Otro de los métodos que empleé durante casi todos los años para subir la nota fue el siguiente. Durante el primer trimestre de clases me comportaba como un gamberro, como un demonio. Era alguien completamente ingobernable, una pesadilla para los profesores. En el segundo trimestre me controlaba un poco, ya no era tan malo y, poco a poco, comenzaba a obedecer a los profesores. En el tercer trimestre, me convertía en un ángel, en un estudiante ejemplar, educado, colaborador. El cambio era tan grande y rotundo que los profesores no podían hacer otra cosa que premiarme por mejorar tanto en tan corto tiempo. En consecuencia, me subían las notas. Creo que de cierta manera, al subirme las notas, los profesores se ponían una medalla a ellos mismos, a su profesionalismo y capacidad. Se sentían orgullosos de convertir a un estudiante enloquecido en un modelo para los demás. Este método lo utilicé hasta en la carrera. Era francamente fácil ir hacia el ego de los educadores. Ellos, al sentir que su labor era extraordinariamente buena y que habían logrado un progreso impensable conmigo, se ponían de mi parte y me aprobaban. Lo que no podían saber era que en el curso siguiente iba a recomenzar el ciclo.

Era un juego, pero un juego útil y práctico. Como dije, era un niño bastante precoz e inteligente y lograba ver estas oportunidades que hacía trabajar en mi favor. Se me podría reprochar algunas de estas actitudes, pero sinceramente en aquellos momentos hice lo que creía que era mejor para mí. Además, no dañaba a nadie. De cierta manera, ese juego era como una de las máscaras de ficción de las que he hablado. La realidad y la ilusión se entremezclaban una vez más en mi vida y yo me convertía en el actor de mi propia existencia, una actuación que buscaba, repito, un fin necesario. Pero no siempre era infalible.

Era muy bueno copiando, pero una vez me descubrieron una chuleta. Las hacía muy bien, con letra diminuta y completamente legible, incluso las plastificaba para que no se dañaran durante el trajín de la prueba. Era muy cuidadoso, pero todas mis precauciones fueran insuficientes un día. Al terminar una prueba revisé de arriba abajo las hojas del examen. Estaba convencido de que me faltaba una chuleta, pero no podía buscar con comodidad ante los ojos atentos del profesor. Estuve muchos minutos buscando. No estaba en ninguna parte. Finalmente, cuando se acercaba la hora de entregar la evaluación, decidí rellenar la respuesta que me faltaba (la de la chuleta desaparecida) con lo que recordaba. Mi respuesta era insatisfactoria. Pero no le di más vueltas al asunto y entregué el examen.

Estuve todo el fin de semana pensando que me habían pillado. Estaba nervioso, inquieto.

Una semana después, cuando iban a entregar los resultados de la evaluación, el profesor me llamó aparte.

—¿Qué es esto? —me dijo, mostrándome en alto la chuleta desaparecida.

—No lo sé —contesté yo y, a su vez, pregunté—: ¿Qué es?

—Lo primero que tienes que hacer cuando haces una chuleta es que no te pillen, David —me contestó el profesor.

Pero yo inmediatamente empecé a argumentar que aquella chuleta no era mía, que nunca lo había visto antes. Además, dije, podía demostrarlo, pues estaba seguro de que lo que estaba escrito en esa chuleta no correspondía con mi respuesta en el examen. ¡Claro que no correspondería, había perdido la chuleta durante la prueba! El profesor no parecía muy convencido y buscó. En efecto, aquello no tenía nada que ver con mi respuesta. De esta forma me salvé del escarnio aquella vez.

—Está bien, está bien —dijo el profesor—. No tengo motivos para desconfiar de ti, pero en la próxima evaluación estaré muy pendiente de lo que hagas.

Dicho esto, yo regresé a mi asiento, ligero como una pluma, feliz tras sacarme aquel peso de encima.

Durante toda la ESO sentí que los profesores no estaban viendo las capacidades que tenía, mi inteligencia. Tampoco mis gustos ni mis tendencias naturales hacia ciertos temas. Nada de esto estaba siendo reforzado durante mis estudios. En cierto momento, durante estos años, me dije: «¡No estoy aprendiendo nada!». Me pareció que el trabajo educacional del instituto era muy pobre. Honestamente, sentía que, como adolescente, no me estaba desarrollando para el futuro. ¿Tenía que hacer chuletas para convertirme en filósofo o sociólogo? No sabía qué hacer. Tenía algunos gustos como, por ejemplo, la ciencia. Desde muy pequeño (exactamente después de ver *Jurassic Park*) quise ser científico dentro de un gran laboratorio, en donde haría experimentos y cosas increíbles. Era una idea de niño, por supuesto, y en la adolescencia, cuando me acercaba al final de la ESO, aquella idea trasmutó al área de veterinaria. Pero tampoco estaba tan convencido. Y las falencias de la ESO eran tantas que me encontraba acorralado, sin vislumbrar un camino.

En Cuarto de la ESO, no sé muy bien cómo, pero terminé en el curso de los listos. Durante las clases no me enteraba de nada. Estaba frustrado, nervioso y convencido de que con el ritmo de trabajo de aquel curso no aprobaría ninguna asignatura. Entonces decidí reunir a los profesores en una asamblea extraordinaria. Lo recuerdo con precisión, fue en un salón grande, vacío, con todos los pupitres alineados. Al fondo del aula estaban cuatro profesores, serios, meditabundos, sentados junto a un escritorio. Sobre la mesa tenían algunas agendas, hojas, bolígrafos. Entré por la puerta posterior y me acerqué lentamente al púlpito, en donde los académicos me esperaban. Me miraron de arriba abajo. Sentía que me acercaba a un ara votiva, a una piedra sacrificial. Pero sabía exactamente lo que debía decir. Abrí la boca, expliqué mis razones y, antes de que pudiera darme cuenta, con los ojos de los profesores clavados en mis ojos, comencé a llorar como una Magdalena.

—No quiero quedarme en la clase de los listos. Por favor, tenéis que entenderme. Si me quedo en la clase de los listos no voy a aprobar en la vida. Además, en el otro curso está mi primo Juanjo. Quiero estar con mi primo Juanjo. ¡Por favor! ¡Por favor! ¡Sacadme de la clase de los listos! —balbuceaba, inquieto, ante la mirada atónita de los profesores.

Finalmente, tras una corta reunión, conseguí mi objetivo.

La ESO fue una etapa muy oscura de mi vida, repito, pero también tuvo momentos simpáticos y divertidos como el anterior. Además, hubo al menos tres profesores que fueron importantes en mi vida, quienes, con paciencia, no me dejaron caer: Óscar (aquel que me descubrió la chuleta y me dio otra oportunidad); La Hitler (quien más allá del terrible apodo era una profesora buena y dedicada), y la profesora de matemáticas.

Aprobé la ESO gracias a ellos tres.

—Nos hemos opuesto a que repitas, David —me dijeron al finalizar el curso—. Nosotros creemos en ti, creemos en tu potencial. Tenemos confianza en que lograrás todo lo que te propongas.

Escuchar esto en ese momento de mi vida era exactamente lo que necesitaba. ¡Ellos confiaban en mí! ¡Me confirmaban lo que de una manera abstracta yo sentía muy dentro, pero que no sabía encausar!

Muchos años después me encontré con Óscar y me repitió las mismas palabras. Y yo, con mucho orgullo, pude decirle que no se habían equivocado.

10

De Niño Rebelde a Profesional Empático

Al terminar la ESO generé un conflicto en la familia del cual todavía me arrepiento. Fue algo muy inocente, pero lo cierto es que afectó a muchas personas. Sucedió en una reunión familiar. Estaban casi todos mis tíos, mi abuela Enriqueta y mi madre. En un patio cercano unos primos menores y otros niños del barrio estaban jugando y haciendo ruido. Para mí no era demasiado ruido, al menos no me parecía molesto. Pero Fernando decidió echar a uno de los niños por considerar aquellos juegos como un escándalo mayúsculo.

—No me parece para tanto —dije yo, convencido, con toda la autoridad que mis diecisiete años me permitían—. Nosotros de niños éramos mucho más ruidosos y no nos echaban del patio.

—No es así, David. Tu tío hace bien en echarlos. Están insoportables —me contestó mi tía Cristina.

—No estoy de acuerdo —insistí yo—. Si no soportas el ruido te agarras el chirri y se acabó.

Esa frase fue la que generó el conflicto: «Te agarras el chirri». Al escucharla, mi tía se puso de pie, con la cara descompuesta, y se encerró en el baño a llorar. Yo no podía entender que esa frase, dicha así, sin ninguna maldad por mi parte, afectara tanto a mi tía. Me sentí muy mal e inmediatamente fui tras ella para pedirle perdón. Nos encerramos juntos en el baño, la abracé y le repetí una y otra vez que me disculpara, que aquello no había sido para tanto.

—Perdóname, tía, no quería hacerte llorar. Me siento fatal —le decía una y otra vez.

Sin embargo, en ese momento, el esposo de Cristina, mi tío Juanjo, muy molesto e indignado empezó a dar patadas a la puerta, con furia, y ordenó que abriéramos. Estaba completamente fuera de sí.

—¡Abrid! ¡Abrid la puerta! —gritaba.

—No pasa nada. Ya basta —contestó mi tía desde adentro, secándose las lágrimas.

La frase les había sentado muy mal a los dos y de verdad yo no sabía qué hacer ni dónde meterme. No daba crédito a la situación que se había generado. En eso, motivada por los gritos y las patadas de Juanjo, llegó mi madre.

—No te atrevas a tocar a mi hijo —le gritó.

Yo escuchaba todo desde aquel baño, encerrado, incrédulo ante el torbellino caótico ocasionado por el comentario. No sé hasta qué punto hubiera podido escalar el conflicto, pero en ese momento llegó mi abuela Enriqueta.

—¿Qué pasa aquí? —gritó, y todos se callaron en el acto.

Mi abuela hizo una pausa y luego continuó.

—Lo que pasa es que aquí todos queréis amoldar a David según la propia forma de ser. Y aquí somos muchos. Todos tenéis la culpa. Habéis liado a David. Queréis que sea de una forma diferente y eso no es posible.

Después de esta pelea se quebró la familia. Mi abuela dejó de hablar con Juanjo y yo también me alejé de él. Hoy en día seguimos sin hablar del tema, aún tenemos la espina clavada. Hace pocos meses volví a ver a mi tío, casi veinte años después de lanzar esa frase que para mí no revestía ninguna maldad. Para mí es evidente que el tema aún no está cerrado, creo que tanto él como yo debemos pedir perdón. La situación con Juanjo me dolió y me duele mucho, pues él fue mi figura paterna. No sé si lo sabe, nunca se lo he dicho, pero siempre lo sentí así. Me enseñó a ser correcto. A ir con la cara por delante. Por eso me quedé muy mal después del distanciamiento y por todo lo que, sin querer, generé dentro de la familia.

Me queda el remordimiento de saber que todo el tiempo que nos distanciamos hubiera podido ser mucho menos si sencillamente nos sentábamos a hablar. Quería que mi tío (que era el mayor y la figura de autoridad) me dijera: «Vamos a hablar». Eso era todo lo que necesitaba. No haber hablado con claridad de lo que sucedió aquel día es una deuda que tenemos los dos. Me entristece saber que mi abuela se fue con el conflicto sin resolución. Sé que mi abuela se fue en paz, pero en el fondo de su corazón todavía existía aquel problema irresoluto. ¡Y todo por una tontería tan grande! Todo por haber pensado que yo, con diecisiete años, estaba en el mismo estatus que los mayores, en el mismo nivel que mis tíos.

Este altercado sucedió poco tiempo antes de abrir un capítulo nuevo en mi vida: iniciar el primer ciclo de Auxiliar de Enfermería. El remordimiento de aquel conflicto todavía ocupaba buena parte de mi tiempo y de mi conciencia; sin embargo, empecé a estudiar con optimismo y decisión, pues me convertía en el único de la familia que continuaba estudiando después de finalizar la ESO.

Las clases empezaron al finalizar el verano. Apenas entré en las aulas sentí que estaban en la misma condición emocional que los otros alumnos. Me sentía bien. Había una buena acogida.

Es cierto que entre los alumnos se creaban diferentes grupos, ya que algunos de ellos, por ejemplo, trabajaban juntos, pero en general era gente más madura y mi experiencia fue completamente diferente a la ESO. Me parecía que todos los que estábamos estudiando para Auxiliar de Enfermería éramos individuos con un objetivo. Conocí a varias personas de mi edad con las que compartía pensamientos similares. Abrirme a este mundo nuevo para mí fue muy importante.

Pude pagar parte de mis estudios en ese momento gracias a una ayuda que recibía de la Generalitat de Cataluña. Me la daban porque mi madre pasaba muchos momentos entre la vida y la muerte. Debido a su situación, y al hecho de ser madre soltera, había recibido desde muy joven este tipo de ayudas. Sinceramente, en este aspecto no puedo tener sino buenas palabras y un justo reconocimiento hacia la Generalitat. Estaba protegido económicamente desde el comedor y la odontología hasta todo lo que pudiera suponer un gasto relacionado con los estudios. Mi abuela Enriqueta, cada vez que recibía uno de estos pagos, los guardaba para el futuro. Gracias a esto, como decía, no solamente pude estudiar y solventar ciertas deudas, sino que incluso pude sacarme el carné de conducir. La verdad es que a mí nunca me faltó nada. Por una parte, estaban mi abuela y mis tíos; por el otro lado, las ayudas que mencioné. Lamentablemente, este tipo de beneficios de la Generalitat ya no existen. Es algo que se debería retomar.

El formato de estudio para Auxiliar de Enfermería por lo general dura dos años. Pero yo hice un intensivo en donde era posible cursar todas las asignaturas en la mitad del tiempo. Recuerdo el inicio de mis estudios como un momento bonito de mi vida. Aquello era empezar de nuevo. Nadie me conocía y podía construir nuevas experiencias desde las bases. Por primera vez me sentía parte de un grupo. Yo era de los menores del curso, algunos de los estudiantes me doblaban la edad, y lo cierto es que seguía siendo un chico con mucho genio, ímpetu y explosividad.

En el grado de Auxiliar de Enfermería conocí a una de mis mejores amigas: Yolanda. Junto con Irene y Alicia hicimos un cuarteto inseparable. Yolanda fue una persona muy importante para mí durante aquellos años. Es una chica que tiene la capacidad de escuchar. Y fue la primera persona que me impulsó a auto reconocerme a mí mismo.

Fue en aquella misma época que salí de fiesta por primera vez. Sinceramente, me sentí muy mal la primera vez que entré en una discoteca. Era muy vergonzoso. Era como si pudiera verme desde afuera y aquello me parecía ridículo. Bailaba dando un pasito para un lado, un pasito para el otro y me sentía fatal. Ahora, cuando entro en una discoteca, soy el puto amo y bailo como el que más. ¡Cómo puede transformarse una persona!

Al igual que en la ESO, durante los estudios de Auxiliar de Enfermería seguía siendo un guerrillero en las clases y algunos profesores me pusieron entre ceja y ceja. No obstante, fui superando el curso sin mayores inconvenientes y, simultáneamente, empecé a hacer prácticas. Las jornadas eran bastante largas y agotadoras. Estudiaba desde las ocho de la mañana hasta la una de la tarde. Luego comía algo rápidamente y me iba a las prácticas, que empezaban a las tres y terminaban pasadas las ocho de la noche. Este fue el ritmo de estudio y trabajo desde enero hasta junio. La experiencia de hacer dos cosas a la vez fue bastante intensa.

Una de las primeras prácticas que hice, como para prepararme para todo lo demás, fue en Cuidados Intensivos. Durante este período vi morir a una persona, pero sinceramente no supuso un trauma para mí. Quizás estaba un poco insensibilizado por todo lo que había visto, oído y sentido durante mi infancia. Dije a mis compañeros que había sido muy duro ver esa muerte, pero lo decía porque me parecía que era lo que debía decir en estos casos, en pocas palabras: representé un papel. La verdad es que no había sentido nada.

Otra práctica fue en neonatos. Durante esta vi tres partos distintos: uno natural, uno con fórceps y el último con cesárea. Me impactó mucho el corte que los médicos hacen en la vulva de las mujeres, previo al alumbramiento. Pero al mismo tiempo fue algo espectacular. Me maravilló ver los nacimientos, es algo mágico. Esta fue la práctica más bonita que hice.

La verdad es que durante las prácticas los profesionales muchas veces eran extremadamente duros. Y no fueron extrañas las veces que salí llorando de los centros de salud. Llegué hasta a tener un conflicto importante con una de las instructoras, quien luego me pidió perdón por las maneras en que me habló. Aunque sería injusto decir que otros profesionales no me mimaron y fueron muy atentos conmigo.

Pero si mi vida académica y laboral iba bastante bien, mi vida personal dio otro giro inesperado. Mis amigas de la noche a la mañana dejaron de hablarme. Incluso Yolanda, que eran tan cercana a mí, se alejó. Desconozco los motivos. Pero sé que fue Irene la que incentivó e impulsó la separación. Lo que fue un grupo inseparable, al final del curso no era sino la imagen difuminada, la sombra de lo que había sido. Una vez más me encontré solo. Sin nadie con quien hablar. Pero no me dejé derrotar, continué estudiando y al poco tiempo logré sacar el curso de Auxiliar de Enfermería.

Ya yo había roto con las dinámicas de la familia al continuar mis estudios después de la ESO, y no estaba dispuesto a detenerme. Quería seguir aprendiendo, quería seguir estudiando. Decidí hacer un ciclo puente para luego dar el salto a un ciclo superior. Fue una época dura en lo que respecta a las amistades. Yolanda todavía no me hablaba y yo no podía empezar a trabajar en el sector de la salud porque seguía siendo menor de edad.

Por eso durante el verano de aquel año fui a trabajar en un supermercado en Salou, en una zona turística y de muchas fiestas. Era la primera vez que me iba durante el verano a trabajar. Pasé muy buenos momentos aquel verano. Recordaré siempre una sorpresa muy bonita que me hicieron. Un fin de semana, sin previo aviso, se presentó mi familia porque quería verme, porque les hacía mucha falta.

—Nos faltaba alguien en La Torre, alguien que molestara, alguien que hiciera ruido —me dijeron bromeando.

—La Torre está sosa sin ti, nos faltas mucho, niño —dijo mi abuela Enriqueta con todo el amor infinito que siempre tenía hacia mí.

Aquella sorpresa fue muy bonita, repito, y me sentí muy orgulloso.

Una de las primeras decisiones que tomé como adulto, poco tiempo después, a mis dieciocho años, fue hacerme un tatuaje que tiene un gran significado para mí. Es un duende sentado en una roca, junto a un río. Tiene un pie en el aire y el otro pie en el agua. Para mí el duende simboliza el eterno pícaro. La roca en donde está sentado es la estabilidad. El pie en el agua connota las vibraciones, el movimiento, la fluidez, y también la pureza. Detrás del duende hay una luna llena, plena, total, que se refleja en el agua y que simboliza la proyección de la energía, la grandeza. Para mí este tatuaje es muy significativo e importante.

Luego del verano de trabajo en el supermercado de Salou y de hacerme el tatuaje presenté el examen para el grado superior. Siempre me han costado mucho los exámenes. Desde niño me pongo muy nervioso y todo lo estudiado queda oculto en alguna parte de mi memoria. Sin embargo, no sé cómo, pero aprobé el examen. Mi idea era estudiar Documentación Sanitaria y luego Enfermería, pero mis notas no eran excelentes y solamente me daban para cursar Salud Ambiental en Torre Vicent.

Empecé a estudiar, pero no me gustaba el ciclo. Daban mucha física, química y de verdad me parecía muy difícil. Recuerdo que uno de los requisitos para aprobar era no faltar más del diez por ciento de las clases. Al poco tiempo de empezar me enfermé, estuve tres semanas con anginas y fiebre. Me sentí fatal y al regresar al curso un profesor me dijo que no podía continuar, que tendría que hacer un examen único al final del año. Al escuchar esto me hundí. Ya bastante me constaba hacer un examen trimestral como para ahora tener que aprobar uno con todo el contenido del año. Se lo dije al profesor. Además, tenía un comprobante que justifica mi ausencia de esas tres semanas. Pero él no quería escuchar nada y terminamos teniendo una discusión que escaló hasta los gritos.

Salí del aula, completamente frustrado e indignado, y me fui al despacho de la subdirectora. Entré en aquel despacho silencioso, limpio, elegante.

—Estás haciendo una montaña de un grano de arena —fue la respuesta de la subdirectora cuando lo expliqué todo lo que había pasado.

—Prácticamente me están obligando a abandonar los estudios, ¿es que no se dan cuenta? —contesté yo, fuera de mí.

Ella no me dio más opciones que el terrorífico examen al final del curso. Mantuvo una posición inamovible y yo nunca presenté aquel examen anual. Tal como le había anticipado, esa posición me empujaba a abandonar los estudios y finalmente fue lo que sucedió.

Me sentía triste y desolado. Afortunadamente, por aquel tiempo, volví a acercarme a Yolanda. Hablábamos como antes. Me dijo que alejarse de mí había sido un error, que Irene la había manipulado y ella cayó tontamente.

Poco después tuve un golpe de suerte y todo cambió. Para ese momento yo casi había olvidado completamente a una pareja que había conocido en el gimnasio. Hablamos un par de veces y me dijeron que trabajaban en el Hospital Santa María. Entre las rutinas de ejercicio les comenté que yo estaba estudiando y que tenía un grado de Auxiliar de Enfermería. Trabajé un poco más con las máquinas y las mancuernas y al volver me dijeron que les enviara mi currículum, que posiblemente se abriría un cupo para trabajar en el hospital. Les di mi currículum y ahí quedó la conversación.

Como decía, ya prácticamente había olvidado aquello cuando me contactaron. No había pasado ni una semana desde que dejé los estudios hasta que empecé a trabajar en el Hospital de Santa María, en el área de psiquiatría, el mismo centro que tantas veces recibió a mi madre. Dieciséis años después, sigo aquí.

La verdad es que el inicio no fue fácil. Estuve cerca de un mes cubriendo a todo aquel que faltaba. Las jornadas eran largas, agotadoras, infinitas. No fue hasta el 29 de diciembre de aquel año que me hicieron el contrato laboral. Recuerdo que, al empezar a trabajar, con mi buen humor y carisma de siempre, me presenté a cada uno de los empleados. A todos les daba dos besos. Y algunas de las enfermeras me reconocieron.

—¿Salcedo? ¿David Salcedo? Me suena tu apellido, ¿no serás el hijo de la Dori? —me preguntó Giao, la enfermera con más antigüedad.

—Sí, soy yo. Dori es mi madre —contesté.

Aquello no era nada improbable. Lo cierto es que había visitado ese hospital desde que tenía seis años. Muchos me habían visto, muchos me recordaban y admitieron que en no pocas ocasiones se preguntaron qué sería de mi vida, qué habría pasado con aquel niño rubio cuya madre ingresó tantas veces a lo largo de los años.

Me los gané desde el primer momento. Me aconsejaron, me guiaron y los más empáticos y sensibles a mi realidad y a todo lo que había pasado durante mi infancia me dijeron:

—Partes con una ventaja que nosotros no tenemos, David. Tienes experiencia como hijo de paciente y como profesional del sector. Puedes entender muy bien por lo que están pasando las personas que ingresan en psiquiatría y también sus familiares. Tú sabes, David, lo que ellos sienten.

11

Cuando el trabajo se convierte en Vocación

Trabajar en un centro de salud mental da para escribir un libro entero. Hay miles de anécdotas y situaciones dignas de ser contadas. Miles de historias, de pequeños triunfos y pequeñas derrotas, de éxitos y fracasos, de tristeza y alegría.

Cuando empecé a trabajar en el Hospital de Santa María, un edificio con más de cien años de historia, ya no me parecía tétrico como en mi infancia, alto, gris, oscuro, ya no me quería alejar a toda carrera sin mirar atrás. Seguía siendo el mismo, pero mi estado de ánimo y disposición eran diferentes. Ya no veía de la misma manera los altos muros, el jardín intrincado, la fuente, la fachada rematada por columnatas, arquitrabe, friso y frontón. Lejos quedaban las tardes en que iba a visitar a mi madre, aquellas jornadas interminables de otoño que con mi tía Conchi, Cristina y mis primos jugábamos en el jardín que se me antojaba lúgubre, siniestro, impelente, enemigo. Recuerdo que yo no quería jugar entre los castaños, atormentado por la idea de que mi madre estuviera tan cerca y al mismo tiempo tan lejos.

También quedaba lejos la visión del niño pequeño al recorrer el largo pasillo iluminado hasta las habitaciones, con enfermeros y doctores, altos e inmensos, que desfilaban a su lado. Lejos, estaba aquella tarde en que me querían impedir que viera a mi madre. No recuerdo los motivos, pero sí recuerdo que la enfermera me empujó y mi madre se puso de pie y gritó: «¡No toques a mi hijo¡». Luego, muy agresiva, forcejeó con ella, la tomó del cabello y la arrastró por el suelo —esta enfermera se convertiría en mi compañera, ¡las vueltas que da la vida!—. Mi madre aquella tarde terminó amarrada en la cama. Todo lo que había en esa época era ansiedad y desesperación, necesidad de cariño, de cruzar el jardín, franquear a los doctores y encontrar a mi madre, inexpresiva, solitaria, triste. Pero como decía, todo eso quedaba lejos. Ahora el jardín me parecía grande, bonito, bien cuidado, iluminado, lleno de árboles y flores. Lo cierto es que el Hospital de Santa María es muy familiar. Es también una universidad y en los márgenes del jardín hay una capilla. Este debe ser de los pocos centros de salud que tienen una gran capilla en sus instalaciones.

Como dije más arriba, cuando empecé a trabajar, los profesionales más veteranos no demoraron mucho tiempo en reconocerme por mis apellidos. Se quedaron sorprendidos. Para ellos yo era el chiquillo que recorría los pasillos, que visitaba a la madre y que se angustiaba tanto por su estado. Me admitieron que en aquellos días lejanos estaban muy preocupados por mí. «¿Qué será del niño de Dori?», se preguntaban. Hoy en día, después de dieciséis años trabajando en el Hospital de Santa María, todavía me llaman el niño.

Desde el primer día de trabajo siempre tuve muy claro que preguntaría a los veteranos si surgía cualquier duda. ¿Qué significa trastorno bipolar? ¿Por qué tienen a esa mujer aislada? ¿Cómo podemos ayudar a los esquizofrénicos? Esto lo valoraron mucho. No empecé siendo un sabiondo. Al contrario, inicié con ganas de trabajar y de aprender. Venía de cero y quería conocer con profundidad todo lo que sucedía alrededor.

Pero por más que tenía una buena actitud a veces me perdía. Una vez, por ejemplo, al ver a los más veteranos jugar en el ordenador, sin hacer nada durante un buen rato, los imité y me puse a pasar el tiempo frente a la pantalla. La verdad es que en ese momento había poco que hacer.

Estaba en ese "haciendo nada" cuando llegó Giao y me dio una lección que no olvidaría.

—Niño, no está bien que estés ahí sin hacer nada, jugando en el ordenador —dijo con firmeza.

—Pero es que no hay nada que hacer. Los demás tampoco están haciendo nada —contesté, con incredulidad.

—En un hospital siempre hay algo que hacer. Nunca debes dar la imagen de que eres un trabajador parado. Vinimos a trabajar, no a jugar.

Me lo había dicho de buena manera, con buen tono, como una tutora, como una maestra que quiere lo mejor para su protegido. Y lo cierto es que no le faltaba razón. No me reprochaba aquel pequeño error. En realidad, me decía: «No te quedes con lo malo que puedan hacer algunos, siempre podemos hacer algo mejor».

Me desarrollé muy bien profesionalmente. Desde el comienzo me sentí realizado y escuchado en mi trabajo. Con el tiempo aprendí a ponerme firme. Aprendí que los límites no son negativos. Muchas veces tuve que mostrar mi autoridad y decir a algunos pacientes o familiares de pacientes que el que iba vestido de blanco era yo y, en consecuencia, se debía hacer lo que yo decía. Nunca con una mala palabra o con un tono equivocado. Pero es importante, sobre todo en este tipo de trabajos, saber marcar una raya que no se debe cruzar. Por ejemplo, hay ocasiones en que no se puede permitir la interacción entre los pacientes. Llegué a verme con solo dieciocho años ordenando a un hombre de cuarenta que no quería seguir las indicaciones.

—Pero si eres un crío —me dijo aquel hombre, riendo despectivamente—. Que me vas a venir a decir a mí.

—No importa mi edad. Aquí la autoridad soy yo —contesté.

Después de este incidente mis compañeros me felicitaron. Por un momento pensé que me había extralimitado con aquel hombre, que había sido demasiado duro. Pero había ejercido la autoridad de una manera pedagógica. Recuerdo que un rato más tarde fui a hablar con él, para saber si aquello le había sentado mal. Pero esto no era nada dentro de aquel ámbito laboral, todavía me quedaban muchas cosas por vivir.

En una ocasión escuché gritos dentro de un cuarto. Algo pasaba allá adentro, el escándalo era impresionante. Dudaba en entrar porque no sabía lo que pudiera pasar al franquear la puerta. Me di cuenta de que mi mejor posibilidad en ese momento era entrar con más escándalo y gritos que los que tenían ahí armado los pacientes. Y eso fue exactamente lo que hice. Abrí la puerta y grité a todo pulmón: «Me cago en la puta, pero qué cojones es lo que pasa aquí». Los pacientes se sorprendieron tanto con mis gritos y con mi actitud que se callaron y serenaron en el acto. Todos quedaron tan descolocados que el conflicto acabó de golpe. A una de las pacientes mi actitud le sentó mal, pero luego fui a disculparme y le expliqué que había actuado así con plena conciencia.

—No pensaba herirte —le dije.

Estoy seguro de que ella habrá pensado que estaba fuera de mis cabales. Pero a mí me importaba su tranquilidad, su bienestar. Sinceramente, muchas situaciones laborales me recordaban los momentos que había pasado de chico.

—Eres el primer enfermero que luego de una situación así viene a pedirme perdón —me dijo ella.

Por otra parte, es frecuente que algunos pacientes me digan:

—Tú no entiendes. No puedes saber por lo que estamos pasando.

A lo que yo contesto con completa seguridad y conocimiento de causa:

—Te equivocas. Sé exactamente por lo que estás pasando.

Y dicho esto, no tengo más remedio que contar que soy el hijo de una paciente. Hablo acerca de mi madre y les hago entender que tengo una visión profunda y global del problema.

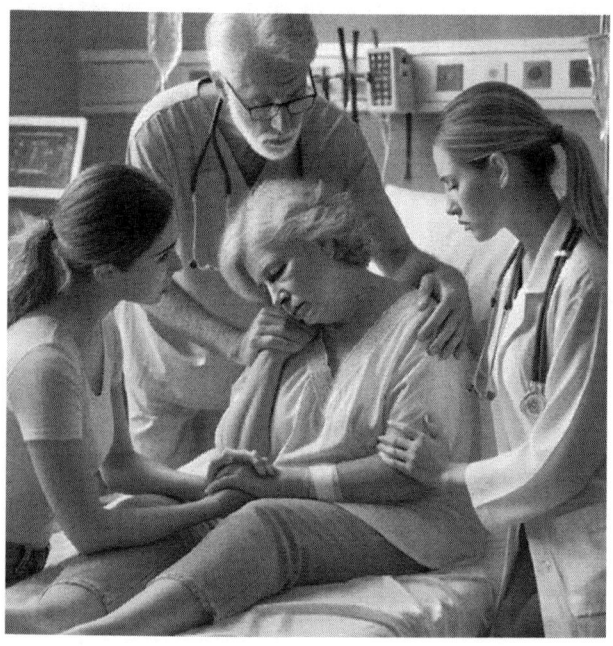

Quizás por este mismo motivo hay ocasiones en que entiendo perfectamente a las personas que persiguen con afán su autodestrucción.

Recuerdo un caso muy específico. Una mujer, tras un accidente automovilístico en que iba conduciendo ella, perdió a su marido y a sus dos hijos. ¿Cómo alguien va a querer seguir viviendo tras el derrumbe completo de su mundo? La entendí. Entendí que tras el accidente quisiera morirse. ¿Qué le puedo decir yo? ¿Cómo puedo convencerla para que siga luchando? Hay que ser realista. La mujer lo había perdido todo y, en consecuencia, no quería seguir viviendo. Como profesionales, nosotros tenemos que animar a las personas, tratar de que salgan del terrible hoyo en que se encuentran, de que vean una luz, una esperanza, un camino. Pero a esta mujer honestamente no había forma de ayudarla. Yo pensaba: «¡No la engañéis!», cuando veía a algunos compañeros que trataban de hacerle entender que tenía razones para seguir viviendo. No lo decía, por supuesto, pero lo pensaba. ¿Es que acaso hay algo en la vida de esa mujer que le pueda hacer soportable seguir existiendo? Puede mejorar, es cierto, por supuesto que puede mejorar, y ese es nuestro trabajo, que mejore. Pero la vida de esa pobre mujer estaba completamente destruida y la verdad es que las instituciones no hacen un seguimiento continuo. Ella ingresaba una vez al mes, luego salía. Al salir no teníamos ninguna noticia, ningún seguimiento y, al cabo de unas semanas, volvía a ingresar. Con estas perspectivas de ayuda es muy difícil. Sería mucho más efectivo que el sistema, además de marcar una práctica hospitalaria, siguiera el caso humanamente, en el día a día, en la vida cotidiana. Si personas como esta mujer se encuentran solos, casi inevitablemente caerán en una depresión mayor.

Los profesionales que nos desempeñamos en este ámbito de la salud debemos hacer un trabajo más integral, un trabajo de verdad. Desde mi punto de vista esto solamente se puede conseguir marcando rutinas de trabajo extrahospitalarias. Por ejemplo, que los pacientes que salen de alta puedan juntarse con algunos enfermeros que los han seguido para conversar, para tomar un café, para hablar o simplemente para escuchar, como en un grupo de apoyo. Este tipo de prácticas serían mucho más efectivas para el paciente y mucho menos costosas para el sistema hospitalario que tiene que soportar los costos de los ingresos continuos de los mismos pacientes que recaen por falta de seguimiento o porque simplemente, como decía, al dejar el hospital se encuentran demasiado solos.

Esta es una de mis luchas: encontrar un método efectivo que permita la mejora real y a largo plazo de los pacientes. Sé de lo que hablo. Lo digo de primera mano. Habla alguien que la pasó muy mal de niño y que, ya adulto, descubrió que este es uno de los principales puntos débiles del sistema. ¿Por qué yo la pasé tan mal?, me pregunto. ¿Por qué nadie me escuchó cuando lo necesitaba? ¿Por qué nadie me dio amor? ¿Por qué nadie, sencillamente, estuvo conmigo y me acompañó mientras lloraba y me desahogaba sin sentir vergüenza de hacerlo? ¿Por qué sentía que era invisible, que nadie me notaba, que no existía? Lo sentía como hijo de paciente y lo he notado como profesional: los pacientes están desprotegidos, se sienten solos, anulados como personas y obligados a comportarse de una forma determinada.

El sistema de trabajo al que pertenezco termina pareciéndose mucho a una cadena de producción. Pero yo, lamentablemente, como profesional con experiencia, no puedo opinar. No puedo decir nada por qué no soy ni psiquiatra ni psicólogo.

12

Historias que Transforman: *Lecciones de vida desde el Hospital de Santa María*

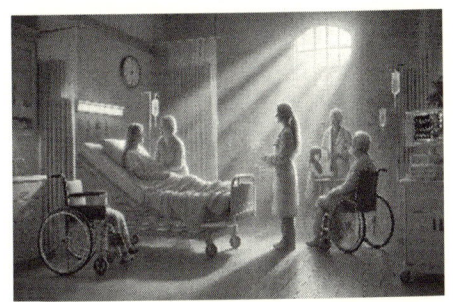

Ahora quiero relatar algunos casos que me marcaron profundamente y que no creo exagerar cuando digo que me cambiaron para siempre.

Me da vergüenza admitir que cuando era joven era racista. A mis dieciocho años tenía una visión terrible de los negros y los árabes. No obstante, pensara lo que pensara nunca discriminé a ninguna persona en el ámbito laboral ni dejé traslucir despreció o predilección hacia otras personas. Una cosa es la vida privada y otra la vida profesional.

Esta visión equivocada cambió drásticamente tras conocer a un chico en el hospital. Recuerdo perfectamente cuando entré en su habitación. Era africano, muy joven. Su nombre es Peter. Había llegado de Sudán del Sur, huyendo de la guerra, y en ese momento estaba amarrado a la cama, con «contención mecánica», como se dice técnicamente. La mirada del chico era ajena, distante, como si tratara de otear algo a través del cristal de la ventana. Parecía siempre pensativo, triste, como si la carga de una memoria demasiado pesada y cruel le atormentara sin tregua. Por más que estuviera atado, lo cierto es que se mantenía tranquilo; pero aquella medida hacía adivinar que había pasado por un episodio violento, quizás de autolesiones. Me acerqué a la cama, con media sonrisa, y le pregunté:

—¿De dónde vienes?

Era una pregunta simple, cotidiana, inocua, y al momento de formularla no sabía que me cambiaría para siempre, que esas tres palabras «¿De dónde vienes?», barrerían de golpe mi antigua visión, abriéndome los ojos a la verdad. Lo que me contó aquel chico durante esa tarde, en aquella habitación del Hospital de Santa María, para mí no fue solamente un relato, sino una revelación. Me contó poco a poco que venía de una tierra caliente, allende los mares, un país emplazado en el corazón de África. Desde su infancia lo único que había conocido, de lo único que estaba seguro era del hambre y de la guerra. Era más o menos de mi edad, pero ya había vivido muchas tribulaciones dentro del conflicto bélico de su país, un conflicto que mantuvieron desde 1983 las tropas sudanesas y los secesionistas del Ejército de Liberación del Pueblo de Sudán, quienes resultarían vencedores en 2005 y proclamarían, tras un tratado de paz, la creación de la República de Sudán del Sur. Pero la guerra y las facciones para este chico solamente se traducían en armas largas, terribles, asesinas, en gritos, en cuerpos desmembrados, en terror, en charcos de sangre sobre la reseca tierra amarilla, en mutilaciones, violaciones, noches en vela, en desplazamientos bajo el tremendo sol africano, sed, hambre, desesperación. Por eso un día decidió partir.

Me contó que en su país la idea de Europa, la posibilidad de libertad e independencia se prefigura en la mente como un paraíso. Todos quieren partir hacia esta tierra prometida. Todos quieren alcanzar las orillas de la paz. Dejar atrás la guerra, rechazar los conflictos. Todos quieren pensar, o al menos soñar, que otro futuro y otra vida es posible. Después del enésimo conflicto armado decidió partir. Tomó una mochila con un cambio de ropa, algo de fruta, algo de pan, agua, y tras calcular la dirección del sol se encaminó hacia el norte. No disponía de más ayuda que de su fuerza y voluntad.

Para llegar a Europa tendría que atravesar a pie buena parte del desierto. Lo sabía. Otros lo habían hecho antes. Otros lo harían después de él. Pero lo cierto es que ni el 50% de estos caminantes desesperados llegan a destino. La mayoría muere en el camino. Ya sea por las complicaciones del terreno, el hambre o la sed; ya sea por toparse con tropas en conflicto o por caer en las telarañas de las mafias que prometen, tras pagar una cuota, llevar al viajero a su destino. Peter se vio envuelto en todos los problemas imaginables. Sufrió violaciones, extorsiones, palizas, secuestros. Yo le escuchaba hablar, atado a esa cama de la sección de psiquiatría del hospital, en la soñada e idealizada Europa, y me daban ganas de llorar. Peter lo relataba todo con mucha calma, viéndome directamente a los ojos o con la vista perdida a través de la ventana. Lo contaba como si todo aquello que había vivido en realidad no fuera su vida, como si todo hubiera quedado irremediablemente lejos, apisonado por la memoria, amortajado entre los recuerdos más crueles, pero al mismo tiempo en una lucha constante por salir, por vengarse de sí mismo y del destino que le había tocado vivir. Las palabras eran lentas, monocordes, repetitivas, en donde siempre resaltaban: terror, miedo, huir, llegar, desierto, correr, balas, mar, violaciones, risas, hambre, mafias, sed, muerte, escapar, sufrir, Europa.

Yo, en la medida que lo escuchaba, pensaba: «Todo lo que tuvo que pasar este chico para llegar hasta aquí, venir con la idea de que este era el paraíso para luego descubrir que era otro infierno. Pasar por todo eso para terminar atado…». Y en la medida que lo pensaba, me daba cuenta de que mi viejo y anacrónico racismo quedaba lejos, muy lejos. Dejé de ser racista en ese momento. ¡Qué ignorante era!, me dije a mi mismo, viendo a Peter atado, con la vista cansada y triste, clavada más allá del cristal de la ventana, hacia el cielo azul de la serena e imposible Europa.

Esta historia me marcó profundamente. Me di cuenta de que yo era racista por falta de información. Nada más. El trabajo, con su dura verdad y realidad, me había educado.

Me había mostrado la otra cara, el otro lado que mi ignorancia y mi desinformación me impedían ver.

Recordaré toda mi vida a aquel chico, a Peter. Seguramente él ya me habrá olvidado. Para él yo no era sino un funcionario más. Quizás el enésimo al que contaba la misma historia de terror y sufrimiento. Pero lo que Peter me enseñó esa tarde me cambió para siempre. Entendí que el rechazo no es más que poca información, falta de conocimiento, poca sensibilidad y disposición para encontrar la verdad. Para mí, como dije, este relato fue una revelación. Ahora estoy convencido de que no existen las razas; solamente hay una raza: la humana. Pero sí existen muchas culturas. Y, también, muchos tipos de ignorancias que rechazan esas culturas.

No es la primera vez que algo parecido me sucede. A veces un gesto, un solo acto, trastocan completamente mi visión del mundo. Por ejemplo, yo me consideraba monárquico hasta el día que se hicieron públicas las imágenes del rey Juan Carlos matando elefantes en Botsuana. ¿Con mi dinero va a matar elefantes? Me niego rotundamente. Puede parecer una exageración, pero el safari del rey me hizo desconocer al rey.

Pero no todas las anécdotas con los pacientes de salud mental son tan duras como la de Peter, hay otras muy bonitas.

Uno de los pacientes que con más cariño recuerdo es una niña que ingresó con solo seis años porque únicamente comía patatas fritas. No comía nada más. Los padres, desperados, decidieron que el camino más corto era ingresar a la pequeña. ¿Ingresar a una niña por este motivo?, me pregunté yo inmediatamente. Y me di cuenta de que la culpa de que ella no comiera, sino patatas, recaía directamente sobre los padres. Un padre no puede permitir que una criatura tan pequeña se haga cargo de la situación para llevarla hasta esos extremos. «No te levantas de la mesa hasta que te comes todo». Esta frase la hemos escuchado prácticamente todos durante nuestra infancia. Y a ninguno de nosotros nos ingresaron en un centro de salud mental por desobedecer, por mantener una posición testaruda, infantil, inmadura. Claro, para los padres habrá sido más fácil recurrir al psicólogo o al psiquiatra que hacerse cargo. Como profesional no podía entender aquello, sobre todo cuando alrededor existen tantas historias dramáticas. Pero, al mismo tiempo, mi tarea y mi labor es ayudar, hacer todo lo que está en mis manos para subsanar la situación.

¿Qué hice? Pues muy sencillo. Hice lo que hubiera hecho cualquier padre, lo que hubiera hecho conmigo mi abuela Enriqueta.

—Ven, come un poquito. Está bueno. De verdad. Créeme. ¡Está riquísimo! —le decía a la chiquilla.

Y ella comía un poquito, probaba algo nuevo, quizás no le gustaba, pero lo intentaba e iba dando pequeños pasos.

—La verdad que está malo. No está tan bueno como me dices, David. Prefiero las patatas —me contestaba con toda la dulzura e ingenuidad de sus seis años, pero al mismo tiempo comía un poco más.

Con este sencillo y cotidiano método en menos de una semana la niña empezó a comer cada vez más. Quizás lo que necesitaba era un poco de atención, un poco de autoridad. Un buen regaño también forma parte del funcionamiento familiar.

Otra de las chicas que recuerdo con cariño es María, de unos quince años. El problema que los familiares veían en ella era que fumaba muchos porros y era bastante rebelde.

Durante los primeros días en que María estuvo ingresada, me encaré con una compañera porque todas las respuestas que le daba a la chica eran «No». Un «No» tras otro y ella, por supuesto, cada vez se agazapaba más dentro de sí misma.

Un día yo me acerqué y le dije:

—María, te voy a dar mi opinión. No te voy a pedir que dejes los porros. Sé muy bien que no lo vas a hacer. Respeto que fumes los porros, pero en primer lugar debes poner las responsabilidades. Ahora los estudios son tu prioridad. Primero ve a clases, pon atención, haz los deberes y luego te fumas los porros que quieras. Después de cumplir con lo que debes cumplir, viene la vida privada, que es tuya y solamente tuya.

María, un poco asombrada, desarmada por mi argumento, y sin saber muy bien por dónde empezar, me dijo:

—Eres la primera persona que no me dice que lo deje.

—Yo también me fumo mis porretes de vez en cuando —continué ante la mirada atónita de la chica—. Pero no voy a venir con un porro al trabajo. Como te decía: primero las responsabilidades, luego la vida privada.

Estoy convencido de que esta conversación con María fue mucho más edificante y efectiva que aquellos «No, No, No» continuos de la compañera con la que me encaré. Siempre hay que saber con quién hablamos y estar a la par del interlocutor, no por encima, tratando constantemente de imponer y exigir condiciones.

Pero uno de los casos más bonitos que he vivido sin duda es el de Biel, mi Pequeño Saltamontes, como lo llamaba. Este caso me tocó profundamente, quizás porque me vi un poco reflejado en él, y también porque con él comprendí que el trabajo extrahospitalario, como decía más arriba, es fundamental y debe ser uno de los pilares fundamentales en donde se sustente la recuperación definitiva y cabal de los pacientes.

Biel tenía alrededor de doce años cuando ingresó y la primera impresión que me dio es que era un chico sumamente inteligente. Sin embargo, los padres y el entorno lo trataban como si fuera un chico con un coeficiente intelectual muy bajo. Rápidamente, sentí que el mundo se estaba equivocando con Biel. Hacía unas reflexiones muy profundas para tener doce años. Era tímido, pero esto no le restaba un ápice a su penetrante inteligencia.

—Puedes decirme algo, Biel, ¿por qué estás aquí? —le pregunté un día, tratando de entender lo que sucedía, pues para mí, repito, el muchacho no tenía ningún problema.

—No me va bien en las clases. Además, mis padres me dicen que soy irrespetuoso —fue la respuesta que me dio.

Pero esta respuesta para mí era insuficiente. Esos no eran motivos para ingresarlo. Además, constantemente me repetía que de seguir ingresado acabaría en un camino que no se merecía. Para mí tenía un nivel intelectual muy alto, sobre el promedio. Me veía muy reflejado en él, joven, solitario, incomprendido, no escuchado.

La primera vez estuvo seis meses ingresado y lo calificaron con déficit de atención e hiperactividad. Palabras más o menos los médicos dijeron que tenía problemas cognitivos. Pero yo sabía que nada de esto era cierto y que Biel podía tener por delante un futuro admirable. Sabía que los niños hiperactivos aprenden a un ritmo diferente, pero esto no significa que tengan un problema. Yo no podía entender cómo ese gran futuro intelectual, todo el potencial de Biel, podía perderse por no enfocar su educación y sus necesidades correctamente. Biel ingresó en repetidas oportunidades a lo largo de los años. Cuando tenía dieciséis años lo busqué. Algo en mí me decía que lo ayudara personalmente. Creí necesario hacer algo más. Averigüé en dónde estudiaba y me presenté. Era un centro para menores con habilidades especiales. Era invierno, lo recuerdo perfectamente, los árboles estaban deshojados y un viento gélido soplaba desde el norte. Me acerqué a una reja desde donde se veía el patio. Varios chicos jugaban y conversaban. Busqué a Biel con la mirada, pero no lo encontré. Entonces decidí presentarme. Me acerqué a la puerta principal y hablé con algunos profesores. Les dije el nombre completo del Pequeño Saltamontes, comenté que sabía que estudiaba ahí y les expliqué que me gustaría verlo. Los profesores se quedaron un poco sorprendidos. Finalmente, llamaron a los padres de Biel para recibir la autorización de que lo viera (ellos me recordaban y aceptaron sin inconvenientes) y fueron a buscarlo.

Al verme Biel me dio un gran abrazo, estaba muy contento. Aquella tarde fuimos a pasear y hablamos durante horas. La conversación me confirmó algo que ya sabía: él no debía estar en aquel centro. Después de varias visitas y charlas comprendí que el problema central de Biel era que nunca había tenido un amigo, ni siquiera uno, en toda su vida. Por eso, al reaparecer en su vida me convertí en su referente. Nuestra relación fue del estilo de maestro y aprendiz. Lo vi mucho durante aquel tiempo y hasta llegué a acompañarlo a un paseo de la escuela. Conversábamos, lo guiaba: era mi pupilo.

Estoy muy orgulloso de Biel. A lo largo de los años, con dedicación y esfuerzo, y gracias a mi apoyo, logró encontrar un camino. Comprendió que tiene aptitudes. Ha podido visualizar que tiene un futuro. Gracias a esto también mejoró la relación con su madre y con su padre. No hubo más conflictos entre ellos.

—Debo darte las gracias, David —me dijo un día el padre de Biel—. La verdad es que mi hijo ha cambiado mucho. Ahora nos habla, nos cuenta lo que hace. Y todo te lo debemos a ti.

La verdad, como dije, es que me vi reflejado en Biel. Él no sentía que era como todos lo veían. A los dos nos sucedió algo parecido, en nuestras infancias había un fondo común. El camino de ambos fue diferente, pero tanto él como yo logramos entrar en el sistema, encontrar un propósito vital y un camino a seguir.

Me siento orgulloso de haber escuchado mi instinto en el caso de Biel. Por el hecho de no haberme quedado de brazos cruzados una vez que salió del centro de salud mental, por darle vuelta a aquello que no entendía como profesional. Mejoré la vida a Biel dando un paso más, yendo un poco más allá. Sencillamente sentí que debía hacer algo más por él y no quedarme constreñido en las cuatro paredes del Hospital de Santa María, ir a buscarlo, conversar, entender el centro capital del asunto, el conflicto y, con lucidez y precisión, orientarlo hacia las situaciones y el lugar que le cambiarían la vida para siempre.

13

A la Luz de la Luna:
Enfrentando la Realidad
de la Salud Mental

Uno de los momentos más tremendos que viví en el reparto de psiquiatría del Hospital de Santa María merece un capítulo aparte. Era una noche de invierno. Una noche de luna llena, plena, intensa, total. Sucedió en diciembre, exactamente en la madruga del 29, en las vísperas de Año Nuevo. Yo estaba en guardia junto a dos compañeras: Tayson y Tabat, dos excelentes profesionales —Tabat era una verdadera veterana en el sector, para ese momento contaba con sesenta y cuatro años—. Sinceramente, no hay mucho que hacer en las noches de guardia. Nuestra principal obligación es estar presentes por cualquier cosa que pueda pasar. Y, por supuesto, para vigilar y cuidar a los pacientes. Recuerdo que hablábamos de lo más tranquilos, Tayson, Tabat y yo, incapaces de saber lo que pasaría poco tiempo después.

Entre las responsabilidades de las guardias, una de las más importantes es dar un recorrido por todas las habitaciones. Tayson la llamaba «la ruta del bacalao». Generalmente esta es una ronda tranquila, sin sobresaltos. Pero aquella noche nos encontraríamos con algo que nunca había pasado en más de veinte años de funcionamiento del centro de salud mental del Hospital de Santa María.

—Vamos a hacer la ruta del bacalao —dijo Tayson aquella noche, como tantas otras veces había dicho.

Nos dividimos y empezamos a visitar todas las habitaciones, paciente por paciente. Lo más común era encontrarlos durmiendo, o en la cama, tranquilos. Aquel control no debía durar más de quince minutos. Lo hacíamos en silencio, para no molestar o despertar a las personas ingresadas. En la medida que yo entraba en cada habitación y verificaba que todo estuviera en orden no podía intuir que aquella noche sería diferente.

No llevábamos mucho tiempo en la «ruta» cuando escuché el grito. Venía del fondo del pasillo, de una de las habitaciones que controlaba Tayson. Era un grito, sí, un grito desgarrado, terrible, profundo, pero ni siquiera en ese momento pensé que algo grave había pasado. «Seguro encontró a alguno de los pacientes masturbándose», se me ocurrió en ese momento, algo que, por lo demás, no es del todo infrecuente. El grito se repitió, pero estaba cada vez un poco más tenue, más bajo, como si el sonido tomara cierta conciencia de sí mismo, y esta vez era acompañado por unas palabras inteligibles, quizás un balbuceo. Definitivamente algo estaba pasando. Lo comprendí en ese momento. Salí de la habitación en la que me encontraba, cerré la puerta y caminé por el pasillo en dirección a los gritos. Mi actitud en ese momento todavía era despreocupada, indolente, como si no quisiera dar veracidad a la desesperación de Tayson. Al llegar al lugar la vi muy nerviosa. Me miró y lo único que pudo hacer fue señalar hacia la puerta por la que acababa de salir. Abrí lentamente. Nunca olvidaré lo que vi aquella noche dentro de la habitación.

Era un cuarto con dos camas, pero solamente una estaba ocupada por un paciente en ese momento. La persiana de la habitación estaba rota, no se podía bajar, y desde el exterior se escurría una claridad tenue, plateada, diáfana, sobrehumana, que solamente podía obedecer a la luna llena. Todo el cuarto (cuya luz eléctrica estaba apagada) parecía revestido, tiznado por el color gris y brillante de la luna. Una poltrona, junto a la ventana, expandía una sombra ligera; la cama desecha parecía fundida en el color argentado, blanquecino, inconfundible; todo permanecía en calma, pero era una calma tirante que buscaba romper en cualquier momento contra todos los objetos de la habitación, contra todo lo que veía. Cada cosa dentro de aquel silencio tremendo, en la claridad de los misteriosos rayos de luna, que alumbran, pero no alumbran, parecía suspendida en el aire, intangibles, inmateriales. Era una sensación extraña, ligera, pero al mismo tiempo potente y duradera. No sé cómo explicarlo mejor: todo era visible, pero sin sustancia. No era oscuridad. Ahí adentro el mundo era gris de luna. No duró más de dos segundos, una rápida mirada alrededor, hasta que, contra la puerta del lavado, observé el motivo de los gritos de Tayson.

Estaba guindado, como suspendido o apoyado, ligeramente inclinado hacia adelante, con las piernas flexionadas, en posición de dejarse caer. Todo el peso del cuerpo era aguantado por un nudo que le apretaba la garganta. Era Jaime, un paciente de psiquiatría. Estaba muerto. Se había suicidado.

Me acerqué lentamente, todavía sin encender la luz, dentro de ese ambiente enrarecido manchado por la luz de la luna. Para confirmar mi impresión apoyé dos dedos sobre la yugular.

—Está muerto —dije, corroborando lo que ya sabía—. Está muerto.

Jaime había tomado una de las sábanas, blancas como la luna de ese 29 de diciembre, e hizo dos nudos grandes. Pasó uno de los extremos de la sábana sobre la puerta del lavado, la cerró y en el otro extremo introdujo la cabeza para posteriormente dejarse caer. Así fue como lo encontramos, en esa posición extraña, inclinado hacia adelante y con las piernas ligeramente flexionadas.

Salí de la habitación en ese momento y cerré la puerta tras de mí.

—Está muerto —repetí a Tayson, que permanecía apoyada en la pared.

Más tarde esa misma noche, cuando Tayson y yo nos encontramos solos en la oficina y empezamos a tomar conciencia sobre lo que había pasado, me entró una risa tremenda, nerviosa, incontrolable. Mientras yo reía, ella lloraba. No era la primera vez que me pasaba. Cuando estoy muy nervioso me da por reír. Es una risa genuina y profunda, una risa en estado puro que nace más allá de mi voluntad, que se apodera de mí y me convierte en un personaje inverosímil dentro de la escena trágica. Es como si me desdoblara. Por una parte, está el hombre responsable, el profesional que entiende la magnitud de lo que acaba de suceder; por el otro lado, está el personaje divertido, sin control, entregado incoherentemente al disfrute de su propia carcajada.

Al salir de la habitación Tayson y yo nos vimos. No sabíamos muy bien qué hacer.

Recuerdo que en cierto momento llegó la médica de guardia, entró en el cuarto y al ver el cadáver del paciente, empezó a vomitar. Nadie estaba muy seguro sobre qué hacer. Era una escena demasiado violenta.

La que se comió todo el marrón fue Tabat. Con sus años de experiencia pudo mantener la calma, llamó a la policía y nos orientó sobre lo que debíamos más o menos hacer. Pero, mientras esperábamos en la oficina, yo no podía dejar de reír al tiempo que Tayson no podía dejar de llorar.

—David, por favor, deja de reírte y hazme una tila — me dijo Tayson.

—Lo siento, no quiero reírme, pero no puedo controlarlo —contesté y fui a hacer la tila, pero en lugar de tila hice un té.

—David, te pedí una tila. Por favor.

—Es verdad, Tayson, discúlpame —contesté yo, incapaz de reprimir otra carcajada y fui de nuevo a la cocina.

Al salir le entregué a Tayson otro té.

—¡Tila! ¡David, una tila! —me dijo ella, entre sorprendida y confusa.

—No sé qué me pasa, serán los nervios —contesté yo.

Al rato pidieron otra tila y yo me ofrecí a hacerla, pero al salir, por supuesto, entregué otro té.

Era una mezcla de nervios, risa, incomprensión e incredulidad. Pasaban muchas cosas alrededor. No sabíamos cómo actuar. Todos teníamos la cabeza en otra parte.

En cierto momento de la noche llegó la policía. Yo estaba a un lado, riendo hasta más no poder, con una taza de té caliente en la mano, cuando uno de los policías me preguntó:

—¿Qué te pasa? ¿Te hace mucha gracia que una persona se haya suicidado durante tu turno?

—No, señor oficial, lo siento, son los nervios, no lo puedo controlar, lo juro —contesté y di un sorbo a la taza en donde definitivamente no había ninguna tila.

Me sabía muy mal reírme en ese momento, pero por otro lado disfrutaba con la risa. Era incomprensible. La verdad es que el suicidio del paciente afectó mucho a mis compañeras. Pero para mí no supuso ningún trauma ni ningún mal recuerdo. Tampoco sufrí insomnio, algo por lo que Tayson se quejaba constantemente. Sin embargo, les dije a mis compañeras lo contrario, les metí. Les aseguré que yo también sufría por las noches, que me encontraba muy nervioso, que no podía quitarme la imagen de la cabeza. Todo era falso. Lo verbalizaba para que no me creyeran un insensible.

—Bueno, murió, qué le vamos a hacer —le decía a mi madre en casa cuando le hablaba sobre esto.

¿Será que soy un psicópata?, me llegué a preguntar. No podía entender por qué aquello no me afectaba como a los demás. Sin embargo, al poco tiempo, comprendí el porqué. Había esperado durante tanto tiempo el suicidio de mi madre, había experimentado tanto terror y angustia, que de cierta manera me había insensibilizado. Yo ya sabía lo que era caminar junto a la muerte, el descubrir cartas de despedida, el encontrarme con escenas tremendas desde mi infancia, como aquella de la cama revuelta, las pastillas y la luz del sol iluminando la botella de licor de manzana sobre la mesa de noche. Por eso no experimenté nada con el paciente del hospital. Pero sí me di cuenta de que los riesgos de la profesión son muy altos. El suicidio, en el área de salud mental, es un peligro constante. Mi madre seguía a mi lado, después de tantos años y tantos intentos, ella no había tenido «éxito» (entrecomillo la palabra éxito) en traspasar la materia; pero muchos pacientes caminaban día a día por la delgada línea y algunos, como Jaime, lograban su cometido. Por causas del destino me tocó presenciar un suicidio. Algo que, como dije, nunca había sucedido en el reparto de psiquiatría en más de veinticinco años de historia. Me pareció una ironía, durante años logré sortear los innumerables intentos de mi madre, pero una noche de guardia el mismo rostro terrible se mostraba en aquel cuarto iluminado por la luna.

14

**Entre las Sombras y
las Estrellas:**
La esencia de David y Dhave

La vida de un hombre empieza antes de nacer. Así comencé este relato. Pero ahora puedo ampliar aquello y decir que ese hombre (o mujer, es igual) no es un solo hombre, es muchos hombres. Personalidad, historias, decisiones, paralelismos, desdoblamientos, vida transgresora. Todo se junta. Yo soy David, el profesional del reparto de salud mental del Hospital de Santa María. Pero también soy Davhe, la creación ficticia de mí mismo, quizás el que cuenta este relato, el que se desdobla en una primera persona que soy yo, pero que al mismo tiempo es otro.

Muchas veces me he interrogado a mí mismo, en sueños, en la imaginación, frente al espejo, sobre el reflejo de las imaginarias aguas de un río que tengo tatuado sobre la piel, en donde un duende sumerge la punta del pie y la luz de la luna ilumina el contorno. «Soy David, soy Dhave», me digo a mí mismo y uno y otro responde, entregándome claves de mí mismo. Sombras sobre los pasos, imágenes difuminadas al fondo de uno mismo, caminos creados en la brumosa frontera de la realidad.

—¿A dónde vamos? ¿Qué somos? ¿Qué buscamos? —pregunto como David o, mejor dicho, pregunta David.

Quien contesta en Dhave:

—Somos... Estamos... Buscamos...

Al principio no es más que un balbuceo que se va asentando, que se hace presente y tangible, un brillo curioso entre las estrellas errantes, para luego convertirse en un Yo al que otro Yo le responde.

—¿Alguna vez te has preguntado qué hay más allá de este cielo estrellado, Dhave? —pregunta David—. Quiero decir, hay tanto que no sabemos, tanto que aún no hemos explorado.

—Siempre me lo he preguntado —contesta Dhave, asintiendo con una sonrisa triste—. Desde que era un niño pequeño, siempre me he sentido fascinado por el mundo exterior. Hay tanto que no entendemos, tanto que podríamos descubrir si tan solo pudiéramos mirar más allá de lo limitado.

—Es increíble pensar en todas las posibilidades que podrían existir más allá de lo que conocemos. A veces me pregunto si hay otros lugares como este, otros mundos llenos de vida y maravillas que ni siquiera podemos imaginar.

—Sí, es una posibilidad intrigante, David —asiente Dhave—. Pero esto también me hace preguntarme sobre nuestro propósito aquí, en este mundo. ¿Qué es lo que nos impide explorar y descubrir lo que yace más allá?

—Son preguntas difíciles —contesta David con expresión seria—. Pero creo que nuestro propósito es más grande de lo que imaginamos. Tal vez estamos destinados a desafiar las barreras que nos limitan y abrirnos camino hacia lo desconocido. Tal vez estamos aquí para ser los pioneros de una nueva era, para explorar lo inexplorado y descubrir lo inimaginable.

—¡Sí, eso tiene sentido! —contesta Dhave con un brillo en la mirada—. Siempre he creído que la curiosidad y el deseo de conocimiento son algunas de las fuerzas más poderosas que impulsan a la humanidad hacia adelante. Tal vez nuestro propósito sea precisamente eso: buscar respuestas, desafiar las normas establecidas y alcanzar nuevas alturas.

—Exactamente, Dhave. Y creo que juntos podemos lograrlo. Con tu inteligencia y mi determinación, no hay límite para lo que podríamos alcanzar. Somos más fuertes juntos, más capaces de enfrentar cualquier desafío que se nos presente.

—Tus palabras significan mucho para mí. Siempre he admirado tu valentía y tu capacidad para enfrentarte a los desafíos con determinación y fuerza. Tienes razón, creo que juntos podemos lograr cosas asombrosas.

Dhave sonríe; David le devuelve la sonrisa.

—Yo siempre he admirado tu inteligencia y tu compasión —continúa David—. Eres una inspiración para mí y para todos los que te rodean. Juntos podemos cambiar el mundo y hacerlo un lugar mejor para todos.

El brillo de las estrellas errantes trasmuta en el brillo que ilumina los ojos de Dhave.

—Entonces, ¿qué dices, David? ¿Estás listo para desafiar al destino y abrirnos camino hacia lo desconocido?

—¡Por supuesto que sí, Dhave! Juntos enfrentaremos cualquier obstáculo que se interponga en nuestro camino. Juntos alcanzaremos las estrellas y más allá.

—¡Entonces que así sea! ¡Juntos conquistaremos el mundo y descubriremos los secretos que yacen más allá de nuestros sueños más salvajes!

Ambos se ponen de pie, se sumergen entre las formas de la realidad, más reales que las formas mismas, caminan con determinación, son dos y son uno, un centro con dos aristas, dos vertientes que se encuentran en una determinación, un rumbo, un destino.

Esto puede ser visto como un juego, pero como todos los juegos importantes es uno muy serio. Un juego de la imaginación, un divertimento, una sensación de ser dos, el real, el ficticio, que se mezclan y se confunden, que, como dije, son uno y lo mismo.

Dhave siempre se me ha presentado como una persona excepcionalmente inteligente, con una habilidad innata para el pensamiento estratégico y la resolución de problemas. Es esa parte de mí absolutamente necesaria para la vida práctica. Su capacidad para analizar situaciones complejas y encontrar soluciones creativas es una de sus mayores fortalezas. Es siempre curioso, con una ambición inacabable por descubrir lo que hay en el mundo exterior y un deseo imperante por conocer todo acerca de este. Su sed de conocimiento lo impulsa a explorar nuevos conceptos y a cuestionar el statu quo. Aunque puede parecer reservado al principio, oculto detrás de los pliegues del David más visible y conocido, Dhave es increíblemente compasivo y se preocupa profundamente por sus amigos y por la humanidad en general. Su empatía muchas veces lo lleva a tomar decisiones difíciles con el objetivo de proteger a los demás. Podría decir que Dhave tiene una apariencia frágil y una naturaleza reflexiva, pero al mismo tiempo es sorprendentemente deicidio cuando se trata de alcanzar sus objetivos. No se deja intimidar fácilmente y está dispuesto a arriesgarlo todo por lo que cree que es correcto. Es valiente. Lo ha demostrado en situaciones extremadamente peligrosas. Aunque a menudo siente miedo, no deja que eso le impida actuar cuando es necesario, mostrando una notable fuerza interior. Además, tiene un fuerte sentido del deber y está dispuesto a sacrificarse por el bienestar de los demás. Su altruismo lo impulsa a tomar decisiones difíciles y a poner las necesidades de los otros por encima de las suyas propias.

Estos rasgos de la personalidad de Dhave lo hacen un personaje complejo y multifacético, cuyo desarrollo lo convierte en uno de los pilares éticos y estratégicos más importantes para la sociedad en su lucha contra lo injusto. Si a esto le agregamos que Dhave es una parte de mí mismo, de ese otro Yo que he ido relatando a lo largo de estas páginas, del David que sufrió de niño, del estudiante, del adolescente, del profesional, del adulto, es fácil comprender que esa contraparte de mi personalidad, ese ser que no me animo a seguir llamando ficticio, un ser que me habita y me da fuerzas, en el que yo también habito y al que retroalimento, si comprendemos todo esto, saltará a la luz que un hombre, como decía, es muchos y que dentro de cada uno de nosotros residen estos misterios. Algunos se animan a mirar al fondo de sí mismos. Otros rehúyen de la responsabilidad. Otros son empujados al abismo. La mayoría no quiere sumergirse en el misterio, en lo inabarcable. Hay muchos tipos de viajes: físicos, temporales, imaginario, reales. Yo llegué por diferentes caminos a esta dualidad, a este desdoblamiento que nada tiene de extraño, al contrario, lo considero una parte fundamental del espíritu de nuestra especie que es capaz de imaginar, de soñar, que tiene conciencia del paso del tiempo, que puede abarcar el pasado remoto e intuir el futuro, que viaja al centro de uno mismo y mira intrigado hacia las estrellas.

15

Iniciación y Propósito:
*La filosofía de
la Luz Masónica*

Soy David. Soy Dhave. Pero también, y sobre todo, soy el francmasón Titara de Ascuas.

Titara de Ascuas nació de David, un David que inventó a Davhe; un Davhe que pudo ser inventado porque David nació de una madre abnegada que lo concibió bajo los rayos azules de la tormenta, en un pinar de Cataluña. Las escrituras secretas de esa noche quizás ya deletreaban mi nombre masón, mi propósito.

La historia de esta parte de mi vida empieza de manera muy sencilla, inocente, me atrevería a decir que hasta ingenua. Estaba en casa viendo la televisión. Veía un programa de investigación en donde una periodista indagaba sobre la masonería. Se pregunta si estas sociedades secretas que habían pululado a lo largo de la historia continuaban existiendo en la actualidad. ¿Mito o verdad? Desde el primer momento me intrigó el programa. Algo en esa sociedad me atrajo profundamente. Recuerdo que mi madre estaba conmigo. No parecía tan interesada como yo y al cabo de un rato bajó a un bar cerca de casa para verse con una amiga y tomar un café. Me invitó. Le dije que la alcanzaría en un momento. Pero ese momento se alargó todo lo que duró el reportaje de investigación en donde la periodista indagaba, entrevistaba, contaba.

Al finalizar de ver el programa quedé convencido de que aquellas sociedades admirables habían existido, sí, pero hace mucho tiempo que habían desaparecido y las imaginaba francamente improbables en la actualidad. Bajé al bar para encontrarme con mi madre y su amiga, Olga, con estos pensamientos dándome vueltas por la cabeza.

—¡David! ¿Por qué te demoraste tanto? —dijo mi madre al verme, desde una mesa de la terraza.

Me acerqué. Saludé a mi madre y a la amiga.

—Disculpa, mama, me quedé viendo un programa sobre la masonería sumamente interesante —dije.

Al decir esto la amiga de mi madre esbozó media sonrisa.

—Así que te interesa la masonería —dijo Olga.

—Sí, me parece un mundo muy interesante, pero sinceramente creo que esas sociedades ya desaparecieron.

—Te equivocas —continuó la amiga de mi madre y esta vez pude ver una gran sonrisa dibujarse sobre su rostro.

—¿A qué te refieres? —pregunté.

—Aquí en Lleida hay varios masones. Existe una sociedad. Celebran reuniones. Nada de eso que te maravilló ha desaparecido.

No pude disimular mi cara de asombro. Pregunté si ella, Olga, era masona. Muchas otras preguntas saltaron a mi boca en ese momento. ¿Cómo son? ¿Es una sociedad secreta, hermética, cerrada? ¿Acaso son una secta? ¿Qué hacen en las reuniones? ¿Qué cargos ocupan en su vida privada los masones? ¿Es posible conocerlos?

Olga, al ver que mostraba cada vez más interés al respecto, y tras contestarme algunas de las preguntas, me dijo:

—Si quieres, David, te pongo en contacto con una de mis amigas masonas para que te inicie.

Iniciar... Ese verbo... Esa pequeña palabra que dentro de sí concentraba tantas cosas, tantos misterios. La misma palabra que la periodista del reportaje de la televisión pronunció tantas veces: iniciar, los iniciados, los masones.

—Sí, claro que sí —dije sin dudarlo un segundo—. Ponme en contacto con tu amiga, me gustaría ser iniciado. Me encantaría descubrir si todo eso existe y sumergirme en el fondo del misterio.

A las pocas semanas de esta conversación en el bar, frente a tres tazas de café con leche, enredados en el humo de los cigarrillos, me entreviste con Eneira. Esto sucedió en 2014. Yo tenía veinticinco años. Diez años después, Eneira sigue siendo mi maestra y madrina. Claro que en la primera reunión que tuve con ella no podía saber que ese encuentro cambiaría mi vida.

Desde el primer día las conversaciones con Eneira fueron edificantes. Hablamos sobre temas muy profundos, transcendentales, sobre filosofía, sobre espiritualidad. Eran temas de conversación que por primera vez podía tener con alguien. Nunca, hasta ese momento, me había sentido libre y comprendido para tocar ciertos tópicos quizás demasiado profundos o místicos para la mayoría de las personas.

Antes de iniciarte como masón son necesarias una serie de entrevistas, unas plomadas. Las mías estuvieron a cargo de la hermana Mary. Pregunté todo lo que se me ocurrió. ¿Aquello era una secta? ¿Qué tipo de personas formaban parte de ella? ¿Qué exigían a los hermanos? Todas mis preguntas eran contestadas con calma, una a una. Antes de terminar con las entrevistas, la hermana Mary me dijo algo que no olvidaré nunca.

—El masón no se hace, se nace masón.

Estas palabras para mí fueron una revelación. La sensación que sentía desde niño, el sentimiento profundo, casi el convencimiento de que era especial y que había venido al mundo con un propósito encontraban resonancia con esas palabras: había nacido masón. Sentí que finalmente mi destino se cruzaba con mi vida, nunca como en ese momento he percibido tan cerca el propósito por el que vine al mundo.

Para convertirte en masón otro masón tiene que proponer tu iniciación. Eneira me propuso. Después de muchas reuniones finalmente me inicié en la masonería. Mi caso era fuera de lo común, pues por lo general los masones no se inician antes de los treinta años y, como dije, yo no tenía sino veinticinco. Pero mi disposición, mis ganas por entrar, por aprender, por formar parte de la sociedad, me permitieron ingresar antes.

—Ay, la vida cómo es —me dijo la hermana Mary después de la iniciación—, para quienes digan que de La Mariola no salen grandes personas, aquí hay un personaje interesante.

Cualquier masón puede decir que es parte de la sociedad, pero ninguno puede revelar el nombre de otro hermano. Esto está terminantemente prohibido. Como adelanté, mi nombre masón es Titara de Ascuas. La elección fue un homenaje a mi familia. A los Salcedo los llamaban los Titara, y a la familia de mi abuela Enriqueta los Ascuas. De ahí el apodo.

Ingresar en la masonería significó un cambio radical en mi vida, en la forma de pensar, en la sabiduría, en la manera de escuchar, de hablar, de entender el mundo, de aprender. Empecé a aceptar mi capacidad, a creer en ella, y entré en diferentes corrientes filosóficas. Además, negué muchos de los bloqueos que me mantenían maniatado ante el mundo. Entendí que las cosas pueden ser de una u otra manera porque yo las digo, o porque, sencillamente, son así. El porqué, en pocas palabras, no es malo. Me abrí a otras posibilidades de conocimiento. A otras búsquedas. Con mayor seguridad y determinación. Pues los hermanos masones nunca te dicen que estás equivocado. Tampoco critican tus pensamientos. Son personas abiertas, que saben escuchar, que saben hablar, personas con quienes la comunicación es efectiva y con quienes todos los temas imaginados pueden ser abordados.

—No hay verdad absoluta. Mi verdad no es absoluta. Tu verdad no es absoluta —dicen mis hermanos de la masonería, y yo no podría estar más de acuerdo.

En el terreno más personal y privado la masonería también fue muy importante para mí. Pasé de ser hijo único, un chico solitario, a tener decenas de hermanos, a formar parte de una fraternidad. Encontré maestros, hermanos, aprendices, iguales. Sinceramente me cambió la vida. No solamente me ayudaron a ver el mundo con mayor profundidad, me atrevería a decir que de cierta manera me ayudaron a ingresar en el mundo.

Por circunstancias de la vida —luego de un alejamiento— en este momento, mientras escribo este relato, vuelvo a retomar contacto con mis hermanos de la francmasonería. Consideraron que soy un valor dentro de nuestra hermandad. Y luego de ese distanciamiento regreso al camino de la búsqueda, el descubrimiento y la sabiduría, para reconectar con mi esencia masona, porque no me hicieron, no me crearon, así nací: soy masón. ¿Qué pasará ahora? ¿Acaso puedo yo saberlo? No, no puedo saberlo. Como tampoco podía saber nada de mí la noche que fui concebido en un pinar de Cataluña, bajo la escritura de los rayos azules. Como tampoco pude elegir nacer en este país, en este barrio, en este momento de la historia. No obstante, he aceptado mi destino, mi propósito, y he luchado y seguiré luchando como me enseñó mi abuela Enriqueta, con valores, con optimismo, sin desfallecer. El masón no se hace, se nace masón... Esas palabras. Siempre sentí que soy especial (no un elegido ni nada de eso, no tengo un trastorno megalomaníaco), y este era el camino, la confirmación. ¡Estoy aquí porque soy especial! Con la masonería la vida me ofrece la oportunidad de conocer, aprender, equivocarme, pero nunca errar. Porque errar tiene una connotación negativa. Lo malo no existe. Lo que parece malo es un aprendizaje. El error bien entendido es positivo, te ayuda a mejorar y tirar para adelante. Esta es una de las tantas cosas que ha aprendido Titara de Ascuas de sus hermanos masones; cosas que le ha enseñado a David para que se lo comente en aquellas largar conversaciones, bajo las estrellas, a Dhave.

16

Lágrimas Tardías,
Amor Eterno:
Mi Adiós a Enriqueta

El miércoles 4 de marzo de 2015, a las 9:44 de la mañana, siete días antes de mi cumpleaños, mi abuela Enriqueta murió. Tenía ochenta y dos años.

Había estado mal y la habíamos tenido que ingresar varias veces. La doctora nos habló de dos posibilidades: que estuviera enchufada a diferentes aparatos para alargarle la vida, o que muriera en paz, con el consentimiento de la familia, con una inyección de morfina. Mi familia se inclinó por la segunda opción. Pero yo me negué rotundamente. Todo lo que significara tener durante más tiempo a mi abuela con nosotros para mí era mejor.

—Pero ¡qué estáis diciendo, queréis matar a la yaya! —les grité a mis familiares.

Recuerdo esos días como interminables, repetitivos. Estaba dispuesto a no dejar dormir a mi abuela, a impedir que se fuera. Por eso me senté junto a ella y cada dos minutos le golpeaba ligeramente con la palma de mi mano sobre el pecho.

—¿Yaya, estás despierta? —preguntaba.

—Sí —escuchaba la voz de mi abuela.

Pasaban unos segundos, pocos segundos, no me había terminado de sentar cuando de nuevo me ponía de pie.

—¿Yaya, estás despierta?

—Sí, David.

Regresaba a mi asiento y una vez más, angustiado, me acercaba.

—¿Yaya, yaya? ¿Me escuchas? ¿Estás despierta?

—Qué sí, David, sí.

Era un sufrimiento constante, una desazón que no me abandonaba ni un segundo.

Una tarde, mi abuela, muy seria, se quedó mirando a un espacio indeterminado de la habitación, entre el techo y la ventana, y me dijo:

—Han venido todos, niño. Todos los familiares. Los que están y los que no están. Los estoy viendo.

Di un brinco y le pedí que no hablara de eso. La verdad es que mi abuela había pasado por un mal período, como dije tenía ochenta y dos años, y de cierta manera yo sabía que aquel sería su último año. Por eso le había pedido que me tejiera bufandas, jersey, muchas cosas, quería tener todo lo que pudiera de mi yaya, mientras más cosas mejor.

Los días, los últimos días de mi abuela, no me separé ni un instante de ella. Me sentaba cerca de la cama, me tumbaba junto a ella, la acariciaba, le daba besos. Era mi universo entero.

Una de esas tardes mi prima Sara se acercó a mi abuela. Sara debía salir de la ciudad por motivos laborales, por eso le pidió:

—Abuela, prométeme que me vas a esperar. Dímelo, abuela, dime que me vas a esperar.

—Sí, niña, claro que te voy a esperar —respondió.

En los momentos que se ponía peor yo le recordaba a mi abuela estas palabras, le decía que no podía irse, que debía esperar por Sara, lo había prometido. Uno de esos días, mientras argumentaba lo anterior, me contestó:

—Ay, David, tú sabes que existen las mentiras piadosas.

—No me hagas esto —fue mi respuesta angustiada, desesperada.

La noche del martes para el miércoles la pasamos en vela. Por la mañana temprano estaban ahí todos mis primos y tíos. Fueron pasando uno por uno para darle un beso a mi abuela, decirle que la querían, abrazarla y despedirse. Cuando fue el turno de mi última prima, Raquel, esta le dijo que la quería mucho, le dio un beso y mi abuela murió. Se fue en paz, rodeada por la gente que amaba y que la ama, en armonía, después de una vida abnegada, llena de ternura, comprensión, valores, sacrificio, determinación e infinito amor.

El miércoles fue el velatorio. Mi abuela no quería ser enterrada, sino incinerada. La incineración estaba programada para el jueves, pero algo pasó y se tuvo que posponer un día. El viernes casualmente regresó mi prima Sara después de cumplir con sus compromisos laborales. Aquello era increíble. De cierta forma mi abuela la había esperado.

No sé cómo decirlo, pero la despedida de mi abuela no fue algo amargo. Por supuesto, al pensar en ello, lloro, me entristezco. Mi abuela fue mi guía, mi fuerza; pero la despedida no fue dolorosa, fue armoniosa. Tenía ochenta y dos años y no sufrió. Abrió la puerta y se fue. Como ella decía: «Me están esperando los que no están».

Es difícil de explicar. Fue un momento muy fuerte, por supuesto, lloré, me lamenté, la echo mucho de menos, pero siento que mi abuela lo hizo muy bien. Cumplió un ciclo, traspasó la materia e inició el viaje más misterioso de todos. Vivió, luchó, educó a ocho hijos, luego a mí, su noveno hijo, como ella decía, y cuando vio que era el momento se fue en paz.

Por muchos meses no lloré a mi abuela. Desconozco el porqué. Estaba bloqueado. Y de repente, un día, sin previo aviso, empecé a llorar. Estaba en el trabajo, preparando la merienda para los pacientes. Fue una especie de liberación, como si todos los meses anteriores sin lágrimas se desencadenaran en ese momento. No podía parar de llorar.

—Tranquilo, te ha venido ahora, cada persona tiene su proceso —me decían algunos compañeros de trabajo.

Me dolía mucho el pensar que no volvería a ver más a mi abuela. Esto me atormentaba. Esto era lo peor.

Me sentí así hasta que tres meses más tarde, mientras dormía, percibí una presencia. Era de noche, tarde, todo el entorno era gris, oscuro, impenetrable. A mi lado, junto a la cama, estaba un hombre, no sabía quién era, no podía reconocerlo, pero no me inspiraba ni rechazo ni temor, no era una presencia negativa. Un poco más lejos, frente a la cama, estaba mi abuela Enriqueta.

—No estoy soñando —me decía en la medida que la veía ahí, de pie—. Sé que estoy en la cama. Sé que estoy en mi habitación. No estoy soñando.

Me sentía como si estuviera sumergido en otra dimensión. Una dimensión gris, densa, diferente, pero no era un espacio negativo, repito, en el entorno flotaba algo bueno, vivificante, armonioso, pero al mismo tiempo apático, como si no ofreciera sensaciones, como si lo negativo y positivo fueran exactamente lo mismo. Miraba a la yaya y a ese hombre. No existía el miedo. Abracé a mi abuela, inundado por el llanto. No me dijo nada. No pude decirle nada. Un segundo después me desperté: llovía a mares, estaba tronando y la noche parecía sumergida en una noche más profunda.

Al despertar, sin embargo, tuve la sensación de que mi abuela había ido a despedirse. Sentí paz, una inmensa e inalterable paz. Desde entonces tuve el convencimiento de que volvería a ver, a oler, a sentir a mi abuela. No en este plano material. En otro. Supe que la esencia no desaparece.

17

Del Despertar al Compromiso:
Mi Camino en el Activismo Social

No siempre me interesó el activismo social. No hace mucho tiempo no me importaba ni la política ni sus derivados. Manejaba mi vida desde mi punto de vista y mis rutinas. Desconocía completamente la importancia que tienen los partidos políticos en el sistema social en que vivimos.

Recuerdo que en una ocasión una buena amiga del País Vasco me preguntó por qué yo me definía de izquierdas, a lo que le respondí:

—Por tradición familiar.

¡Qué inconsciente era!

Vengo de una familia combativa y guerrillera, pero esta característica se saltó dos generaciones. No creo equivocarme al decir que yo fui de los primeros, desde la Guerra Civil, en remangarse y salir a la calle a exigir equidad y justicia igualitaria. La verdad es que mi abuela, mi madre y buena parte de mi familia vivieron sin ideologías y prácticamente todos eran ajenos a las luchas y reivindicaciones en un plano activo.

Pero, como decía, no siempre fue así dentro de mi familia. Durante la Guerra Civil, mis bisabuelos (los padres de mi abuela Enriqueta) lucharon activamente en el bando republicano. Mi bisabuelo era guerrillero y luchó en las montañas andaluzas. Mama Carmen, como conocían a mi bisabuela, estuvo cinco años en la cárcel por defender sus ideales republicanos. Vivió humillaciones y vejaciones increíbles, algo que no era infrecuente durante el conflicto. En una ocasión, como contaba mi abuela, a Mama Carmen el bando fascista la rapó, desnudó y obligó a caminar por el pueblo, únicamente para humillarla.

Las luchas sociales estaban en mí. Pero mi despertar político, mi conciencia social, no se hizo evidente hasta el 15-M. El Movimiento del 15-M o movimiento de los indignados fue una manifestación ciudadana convocada por diversos colectivos que tuvo lugar a partir del 15 de mayo de 2011. Muchas personas decidieron acampar de forma espontánea en plazas, para exigir, de manera pacífica, una democracia más participativa, rechazar el bipartidismo tradicional del PP y el PSOE, el poder absoluto de las corporaciones y bancos, así como una «verdadera división de poderes». Por supuesto, yo estaba de acuerdo con todas estas reivindicaciones y desde el primer día comencé a participar en las quedadas. Todavía era un bachiller, pero no me perdía una convocatoria. Estaba en todas las manifestaciones en primera fila. De mi entorno no iba nadie (mi familia era completamente indiferente), pero esto a mí no me importaba ni me desanimaba.

La ciudad se reunía en torno a las plazas. No importaban las edades, tampoco las profesiones, ni siquiera el desconocimiento de lo que sucedía. Las personas hablaban y debatían. Inspiraban y soñaban. Nos parecía impensable, por ejemplo, que nuestros representantes recortaran la salud, o que por ser de clase humilde nos impidieran la posibilidad de escoger una educación.

Todavía recuerdo bien algunas de las consignas que gritábamos aquellos días: «PSOE PP, la misma mierda es». «Si no nos dejáis soñar, no os dejaremos dormir». «No hay pan para tantos chorizos». «No falta dinero, sobran ladrones».

En una de estas manifestaciones había un micro abierto sobre una tarima. Cualquiera que se quisiera animar se podía acercar para decir lo que pensaba. Recuerdo que una amiga insistió para que dijera algo.

—Ve, David, coge el micro. Tú tienes un don para que la gente sienta cosas cuando hablas.

Yo no sabía muy bien qué decir. Estaba maravillado por el movimiento, por la fuerza que representaba, pero mis ideas políticas todavía eran muy vagas. Tomé el micro y dije:

—Gracias... Muchas gracias... Gracias por esto... Gracias...

No me salió nada más.

Con el movimiento del 15-M comenzó todo para mí, fue un despertar, una toma de conciencia, una verdadera epifanía. Sin embargo, no fue hasta el año 2013 que empecé a participar activamente en la vida social y política.

Mi amiga, compañera, guía y referente, Helen Motos, comentó un día:

—Estoy haciendo un llamamiento a una asamblea abierta para evitar que se privatice la sanidad pública en Lleida.

No necesité escuchar más y fui a la asamblea. Había ido a asambleas antes, pero ese día me sentí diferente. Algo despertaba en mí. Recuerdo que me mostré eufórico y remarqué una y otra vez la importancia de que nuestras luchas fueran conocidas, de que cada uno de nosotros hablara de ello para que las reivindicaciones que exigíamos pasaran de una a otra persona y llegaran a la mayor cantidad de gente posible.

Poco después, en enero de 2014, comenzaron las que fueron llamadas «marchas de la dignidad». Participaba todo el territorio español. Las marchas consistían en una serie de columnas que desde diferentes puntos del país avanzarían para finalmente encontrarse en Madrid el 22 de marzo. Yo no estaba bien informado sobre las marchas, pero quería participar. Algo dentro de mí me decía que debía ir a Madrid, era necesario que viviera y experimentara todo lo que estaba sucediendo. No me importaba cuánto me costaría, no me importaba que no conociera a nadie en Madrid, no me importaba que tuviera que ir solo.

Pocos días antes del encuentro de las columnas en Madrid, el 11 de marzo, celebré mi cumpleaños. Estaba con algunos amigos en un bar y uno de ellos, Tekin (uno de mis mejores amigos, un hermano más bien, un compañero espiritual, quien me ayudó a abrir mis pensamientos e ingresar en la filosofía) se vio envuelto en una discusión con un hombre que, según Tekin, le había robado el móvil. Yo me acerqué a pedir al hombre que regresara el teléfono y la cosa escaló tanto que terminamos enredados en una golpiza tremenda. Yo terminé con un ojo morado y la nariz magullada. Por eso, cuando llegué a Madrid, solo, sin conocer a nadie, sin saber a dónde ir, parecía que acababa de llegar de una guerra, con viejas marcas y heridas que todavía se reflejaban sobre mi cara.

Llegué a Madrid el jueves 19 de marzo, con una mochila y mi ojo morado. Sinceramente, tenía una idea completamente idealizada del activismo social y de las marchas que recorrían toda España. Pero al llegar no había nada. Caminé de arriba a abajo la ciudad. Todo era rápido, vertiginoso, cotidiano y no había ni una señal de las manifestaciones. Sin saber qué hacer, sin saber en dónde buscar a aquellos miles y miles de manifestantes, me fui hasta un edificio público, el primero que encontré, y le pregunté a un Guardia Civil que estaba en la entrada:

—Perdone, ¿las marchas de la dignidad dónde están? Estoy perdido.

El Guardia Civil no pudo responderme sino con una carcajada. No me supo explicar en dónde estaban las marchas. Al pensarlo ahora me doy cuenta de que fue un momento gracioso: preguntar a uno de los referentes del orden en dónde se encontraba una manifestación en la que quería participar activamente. Seguí caminando de arriba abajo todo Madrid, sin noticias de los marchantes y finalmente me hospedé en un hostal en Sol, un albergue feo pero barato. Al día siguiente seguí buscando y, para no perder la costumbre, les pregunté a unos policías.

—Oigan, ¿sabéis en dónde están las marchas de la dignidad? Estoy dando vueltas y no las encuentro.

—¿No vienes con una columna? —me preguntó uno de los policías, un poco sorprendido.

—No —contesté yo—. Vine solo.

Con los policías tuve más suerte que con el Guardia Civil, pues un familiar de uno de ellos se acercaba a Madrid en una columna de Andalucía y lo llamó para saber en qué punto se encontraban. Que me guiara y me diera indicaciones la policía que, más tarde, tratarían de refrenar las mismas marchas hacia donde me enviaban, era bastante irónico. Finalmente, me dijeron que fuera un poco más abajo por la Gran Vía y que preguntara a unas personas congregadas que estaban ahí, ellos me sabrían decir.

—La Columna de Hierro está por Carabanchel, ve para allá, busca el centro social y pregunta —me dijeron.

La Columna de Hierro, que iba a Madrid desde Cáceres, era una de las más herméticas y era bastante difícil formar parte de ella. Además, no sabía qué era Carabanchel, ni dónde estaba ni cómo llegar. Sin embargo, poco a poco pude ubicarme y finalmente di con la columna. Al llegar me miraron de arriba abajo, vieron mi ojo morado, mi mochila y desconfiaron. Según me dijeron acababan de expulsar a varios policías infiltrados que se habían introducido en la columna. ¿Cómo podían saber ellos que yo no era un policía?

Me interrogaron.

—¿Por qué no viniste con la columna desde Cáceres? ¿Por qué te quieres unir en Madrid? ¿No habías escuchado antes de nosotros?

—No sé, no sé nada. Lo único que quiero es no estar solo —contesté.

La cabecilla de la Columna de Hierro era conocida como La Mami. La verdad es que imponía mucho respeto. Ella, a la postre, se convirtió en una referente política.

Finalmente, tras pasar el interrogatorio, me aceptaron en la columna. Pero antes La Mami me advirtió:

—Puedes estar con nosotros. Pero como Columna vamos a hacer asambleas y reuniones y tú no podrás participar.

—Por mí está bien. Lo único que quiero es participar con una Columna —contesté y al poco tiempo ya estaba integrado.

La manifestación del 22 de marzo fue realmente impresionante. Es algo que recordaré toda mi vida. Más de dos millones de personas se acercaron a Madrid desde toda España y abarrotaron las calles para hacer valer sus derechos y exigir reivindicaciones.

—Esto es un sueño, es espectacular, es impresionante —le decía a mi madre a través del teléfono.

Durante uno de los momentos de mayor concentración, cuando más gente gritaba con euforia las consignas, un camión de bomberos intervino para evitar que la policía hiciera retroceder a las primeras filas de manifestantes. ¡Los bomberos se ponían de parte de la gente y en contra de la fuerza policial! Fue admirable. Pero casi inmediatamente el cuerpo policial empezó a defenderse y lo siguiente que recuerdo es que corría por una calle junto a La Mami y buena parte de la Columna de Hierro.

—Corre —gritaba La Mami—. ¡Corre!

Durante aquel fin de semana en Madrid escuché las propuestas que se hacían en las asambleas y talleres, comprendí cuáles eran los caminos para la transformación social y de cierta manera entendí y visualicé todo lo que podía hacer por mi comunidad en Lleida. Aquel fin de semana me sentí una pieza integral de un grupo y decidí que al regresar a mi ciudad natal comenzaría a formar parte de los movimientos sociales.

18

Héroe de Barrio:
*Construyendo
Futuro,
Transformando
Realidades*

Me enorgullece decir que todas, absolutamente todas las reivindicaciones que impulsamos en Lleida fueron conseguidas. En mi ciudad logramos crear un movimiento organizado con más de cien familias y sinceramente encontramos pocos obstáculos para aplicar las reivindicaciones. Esto es algo que en otras comunidades es muy difícil de lograr.

Desde el año 2015 decidí pasar a formar parte de Jóvenes en Acción. Como dije más arriba, ya había participado en diferentes movimientos, como en la «marea blanca» con mis compañeros de sanidad, pero además quería hacer algo que me involucrara directamente como joven.

También por aquella época me afilié al Partido Comunista de Cataluña. No porque compartiera las creencias en el dogma y la instauración de la utopía (esa parte creo que la superé), sino porque era un partido afiliado a la Columna de Hierro que conocía desde los días de Madrid. No había perdido contacto con La Mami. De hecho, en una ocasión me convocó para participar en una manifestación en Cáceres, las llamadas «marchas de la justicia», y me fui para allá sin pensarlo dos veces. «Si La Mami me convoca, yo respondo», pensaba. Durante aquellos días en Extremadura conocí a Marta, una compañera que sigue siendo uno de los pilares fundamentales del activismo social.

Puedo definir mi participación en Jóvenes en Acción como una época de descubrimiento. Fue un tiempo de aprendizaje y conocimiento. Tomé conciencia, por ejemplo, sobre el conflicto del Sahara libio y las diatribas entre Marruecos y España sobre el territorio. Otro de los aspectos fundamentales que aprendí sobre nuestra sociedad es el relacionado con la independencia de Cataluña. Esto se lo debo a Kilian. Conversamos mucho al respecto. Él me explicó, por ejemplo, que con la declaración de la independencia no se conseguiría una efectiva emancipación, sino que a partir de ese momento empezaría un proceso constituyente. En pocas palabras, no se constituía el Estado Catalán, sino que quedaba sin efecto la Constitución española y se dejaba de reconocer la autoridad del rey para luego abrir unas elecciones hacia la Tercera República. Durante aquellas reuniones reafirmé que yo no era súbdito de ningún rey, ni quería serlo. Estas eran cuestiones que por aquella época estaban en boca de muchos. Me sentía, y todavía lo siento, maravillado por tener la posibilidad de crear una Constitución catalana en la que yo, como parte de la sociedad y de la lucha, pueda recoger los derechos de la gente para que sean incluidos.

Durante mi participación rápidamente me di cuenta de que los movimientos sociales en Cataluña poseían una fuerza extraordinaria: eran capaces de modificar leyes en beneficio de la sociedad.

Uno de los aportes más bonitos e interesantes en los que participo, y en los que soy pieza fundamental, es Mariola en Moviment. Hay que aclarar que, aunque legalmente formamos parte del sistema con la inscripción como colectivo de Lleida, Mariola en Moviment pretende ser un movimiento y no un colectivo. Un movimiento no es lo mismo que un colectivo, por lo menos no para nosotros. La función del movimiento es generar más movimiento y engrasar así una dinámica diferente en los asuntos de la sociedad. Mariola en Moviment pretende ser un precedente para el resto de los barrios de la ciudad. El hecho es que como movimiento ha adquirido gran responsabilidad hacia la transformación de la realidad del vecindario. Los miembros de Mariola en Moviment adquieren de forma individual las dinámicas de trabajo para modificar aspectos de la vida que repercuten en la sociedad.

Por ejemplo, con este movimiento social pudimos abrir y recuperar un bloque entero de pisos para que muchas familias pudieran regularizar su situación habitacional. Nosotros no ocupábamos, no somos okupas, nuestro empeño consiste en recuperar viviendas abandonadas que están en manos de los bancos. No pretendemos que una familia habite en una casa privada y particular. No importaba si esa casa privada está vacía y su dueño tiene veinte pisos. Esa no es nuestra lucha. Cualquiera puede tener los pisos que quiera. Nuestra lucha está enfocada en recuperar las viviendas que los bancos mantienen en estado de abandono. Este es un matiz importante. La palabra okupa está mal vista, demonizada, estigmatizada. El movimiento Okupa luchaba contra el capitalismo. Pero nosotros nos dimos cuenta de que para lograr una solución efectiva para las familias sin hogar y sin recursos debíamos trabajar de la mano con las instituciones y el sistema. Por este motivo cambiamos el término de ocupar a recuperar. Fue un cambio sutil pero efectivo.

Siempre vamos con mucho respeto a los bancos, para conversar, para encontrar una solución para las familias. Estamos dispuestos a escuchar consejos y opiniones. Y la verdad es que nunca encontramos un rechazo, o una espera, o una negativa ante la posibilidad de conseguir una regularización de esos espacios. Las familias que pasan a habitar los pisos recuperados (casi siempre, como decía, bloques vacíos, en estado de abandono y en manos de los bancos) están dispuestas a pagar una cifra acorde al espacio que se les entrega. De esta manera, la ocupación terminó y empezó la recuperación de espacios. Me enorgullece decir que para el momento en que escribo estas palabras hemos ganado el cien por ciento de los casos en los que nos hemos visto involucrados.

El concepto de recuperación caló mucho en Lleida. Hasta cien familias se han regularizado y tienen una estabilidad. Me gusta tener reconocimiento por todo lo que hemos logrado, pero lo cierto es que un colectivo no se hace de una sola persona. Yo fui un guía, un apoyo, pero no me considero un líder.

Al iniciar en el activismo me di cuenta de que la sociedad está muy desmotivada, derrotada, sobre todo las clases más vulnerables. Tomé conciencia de que muchas de las personas que ingresaban en el reparto de psiquiatría del Hospital de Santa María lo hacían por problemas relacionados con sus derechos. Por la frustración de no encontrar un camino, una esperanza para sus familias, muchas personas llegaban al borde del suicidio. En épocas de grandes crisis económicas era frecuente ver el reparto de psiquiatría a reventar, con decenas de personas en los pasillos, otros amarrados, contenidos en las camas. Era espantoso, horrible. Y todo, como dije, en el fondo era por falta de derechos.

Tras ver tantas cosas me di cuenta de que mi deber era hacer algo, construir un mundo mejor, constituirme, como me gusta decir, en un Héroe de Barrio. Quizás yo no llegue a ver las mejoras, pero estoy trabajando incansablemente por ellas. Soy como el colibrí que arroja pequeñas gotas de agua hacia el incendio del bosque, quizás no es mucho, pero al menos hago mi parte.

Estoy orgulloso de ver cómo he conseguido crear un futuro mejor para muchos chavales y abrir otra posibilidad más allá de la realidad en la que viven. En mi barrio es común ver a chicas de dieciséis años que en lo único que piensan es en casarse y tener un hijo para recibir ayudas del Estado. Las he guiado para que comprendan que hay otras posibilidades. No siempre es fácil porque nuestro barrio es multiétnico, hay muchas culturas, africanos, árabes, gitanos, y muchas veces no están dispuestos a cambiar. Pero es una alegría escuchar a alguna de las chicas decir: «David, estoy estudiando», pues yo pongo mi granito de arena para que esto suceda.

Me acerco a los niños a los que les falta un referente, los que no tiene apoyo familiar, y les digo:

—Yo creo en ti.

Y poco a poco veo cómo muchos de ellos se superan y estudian. Algunos cursan un grado medio, otros terminan la ESO. Muchas veces me piden consejos y yo trato de guiarlos en todo lo que puedo.

Siento que ser este Héroe de Barrio es el camino. Constituirme como el «héroe» me confirma lo que sentía desde niño: «Soy especial, he nacido con un propósito». Cuando trabajo para la comunidad, lo siento cabalmente. Creo en ellos, en los chicos, en que es posible que construyamos un mundo mejor. Como decía, quizás yo no lo llegue a ver, pero no importa. Cada uno de nosotros tiene que hacer lo que puede dentro del mundo que recibió para al final de su vida dejar algo mejor, con que sea un poco mejor ya es suficiente. Las próximas generaciones continuarán.

—Creo en ti, puedes hacerlo —les digo a los chicos.

Esto era lo que yo necesitaba de niño, que alguien se acercara a mí y me dijera: «Creo en ti, David». Y es lo que yo hago por esos niños, que tengan un apoyo, una guía, impulsos positivos, una esperanza. Quizás no todas las personas pueden ver la importancia de este gesto, la importancia de esas pocas palabras, pero yo lo sé de primera mano y ahí estoy para ellos.

Honestamente, hay ocasiones en que no sé cómo ayudarlos. No tengo ni idea de la respuesta que les tengo que dar. Pero voy con ellos a buscarla, porque otras personas tendrán la respuesta. Comprendo que el Héroe de Barrio no debe tener todas las respuestas, pero sí las herramientas, la voluntad, la disposición, el tiempo y el esfuerzo para ir a buscarlas.

19

El Hilo de la Vida:
*Entre la Esperanza y
el vacío*

Hace exactamente ocho años, en el 2016, tomé conciencia de que a mi madre no lo podían quedar más de diez años de vida. La sensación fue terrorífica, absoluta, tremenda. La visión me dio pánico. De seguir por el camino en el que estaba (diabética, fumando hasta siete cajas de cigarrillo al día —sí, siete cajas, no es una exageración—, con enfisemas pulmonares y toda clase de problemas) su tiempo vital no podía ser de mucho más de una década.

Toda mi vida caminé junto a la muerte. Desde niño esquivé innumerables intentos de suicidios de mi madre, conversé con ella, me angustié hasta la desesperación, luché como pude. Incluso desde antes de llegar a tomar conciencia de mi propia vida, siempre mis pensamientos estuvieron arrojados hacia mi madre, sus problemas, la anhelada desmaterialización que con tanta testarudez intentaba. Diez años. No pueden ser más de diez años, pensaba. Pero no era solamente una impresión mía. La médica de cabecera que trata a mi madre me llegó a decir que no le sorprendería si en cualquier momento la llamaba para decirle que había muerto. Ella definió la salud de mi madre como una bomba de relojería que en cualquier momento podía explotar. ¿Qué podía hacer yo? Prácticamente nada. Me di cuenta de que quizás mi madre, después de tantos intentos de suicidio que no tuvieron éxito, había emprendido un camino de autodestrucción más lento, más cabal: el paso del tiempo. Era como si se estuviera dejando morir. Esperaba, sin más, con un cigarro entre los labios, el final. En cualquier momento trasmutaría y se convertiría en un poco de humo que desaparece entre el viento sin dejar rastro.

Pero no estaba dispuesto a aceptarlo. Luché demasiado tiempo, toda mi vida, como para no hacer nada. Hablé con mis tías y les dije que mi madre estaba en un punto de no retorno, en el límite del abismo, como haciendo equilibrio. Sin embargo, estaba convencido de que podía mejorar, todavía estaba a tiempo.

La relación por entonces entre mi madre y yo era muy conflictiva. Discutíamos mucho. Yo, sinceramente, me encontraba muy nervioso desde la muerte de mi abuela Enriqueta, pues, de la noche a la mañana, me vi con toda la responsabilidad sobre mis hombros. Estaba solo y en adelante todos los gastos y cuidados dependerían de mí.

Mi madre recibía poco más de trescientos euros mensuales de ayudas, pero esto no era suficiente para vivir. Sin embargo, tuvimos suerte. Mi abuela hizo las cosas tan bien durante su vida que, incluso después de pasar a otro plano, pudo seguir ayudando a mi madre. Sucedió que como mi abuela se había hecho cargo durante más de veinte años de ella, y a mi madre se le consideraba huérfana de ambos padres, la pensión de mi abuela pasó íntegramente a ella. Esto fue un alivio. Con esto empezó a ingresar unos mil trescientos euros al mes. Además, el piso de mi abuela también pasó a ella como herencia. Y como si toda esta ayuda fuera poca, mi madre, gracias a una Iniciativa Legislativa Popular, pensada para personas que están en riesgo de perder la vivienda, no pagaba ni luz ni gas.

Sin embargo, me di cuenta de que algo no estaba funcionando en sus finanzas. Más allá de todas las ayudas que recibía no era capaz de llegar a fin de mes. Incluso yo tenía que dejarle dinero. Algo estaba pasando. Pero cuando le preguntaba al respecto era reticente.

—Es cosa mía —me contestaba, sin darme ningún detalle.

Por un momento pensé que el error había sido mío. Por entonces yo me había independizado y lo cierto es que mi madre no estaba preparada para llevar una vida sola. La rutina, la cotidianidad, la soledad le afectaban mucho. Pero yo sentía que también debía vivir. Para mí la vida había sido una eterna preocupación por su situación, un constante posponerlo todo. ¿Y mi vida qué?, me preguntaba. Además, en 2016 se creó, se materializó, se gestó lo que para mí es una alegría y una ilusión muy grande: el surgimiento de mi niño. Inmediatamente, sentí que uno de los propósitos de mi vida era este: abrir y entregar al mundo el proyecto vital de una personita, proporcionar un camino a un ser mucho más especial y mucho más mágico que yo.

El surgimiento de mi pequeño fue la chispa, la génesis de un nuevo futuro, en pocas palabras: mi nuevo proyecto y esperanza de vida. Digamos que mis prioridades habían cambiado. Sin embargo, tenía que hacer algo por mi madre.

Finalmente, me puse serio y empecé a investigar qué pasaba con sus finanzas. Estaba realmente preocupado y decidí convocar a mis tíos. Necesitaba la ayuda de la familia. Una tarde fueron a casa de mi madre, mis tías Mari y Paqui. No sé cómo, pero mi madre logró convencerlas de que no pasaba nada e incluso mi tía Mari se puso en mi contra.

—Sabes una cosa, David —me dijo—. Antes que tú, viene mi hermana.

—Pero antes que tu hermana es mi madre —contesté—, y el único que pude decidir cualquier cosa sobre ella soy yo.

Paqui, mi madrina, se puso de mi lado. Pero mi madre le había dado la vuelta a la tortilla y las finanzas pasaron a un segundo plano en ese momento.

Después de la discusión me fui a mi piso, indignado, angustiado; pero al mismo tiempo me dije que aceptaría la postura de la familia, si ellos creían que no estaba pasando nada entonces lo dejaría así. Pero no era tan sencillo. La idea de que pasaba algo me atormentaba. No podía dejar de darle vueltas en mi cabeza. Quería saber. Necesitaba saber.

Un día fui a ver a mi madre, traté de sincerarme con ella y de que pusiéramos todas las cartas sobre la mesa.

—Mama, ¿qué está pasando? —le pregunté—. Tú sabes que puedes hablar conmigo. Sé que algo está pasando. Cobras cerca de mil trescientos euros al mes, no pagas piso, ni servicios, y, sin embargo, el dinero no te da para llegar a fin de mes.

Mi madre seguía reticente. No quería hablar del tema. Pero después de mucho insistir finalmente confesó. Me dijo que llevaba un año visitando un prestamista y que pagaba mil doscientos veinticinco euros al mes solamente en intereses. No podía creerlo. Al escuchar esto me hundí. Todas las preocupaciones económicas regresaron de golpe. Le di vueltas al asunto y lo primero que hice fue llamar al prestamista.

—Lleguemos a un acuerdo —le dije—. De lo contrario tú te vas a quedar sin dinero y yo sin madre.

Después fui a ver a mis tíos.

—¿Ahora me entendéis? Yo sabía que algo estaba pasando —les dije.

Mi madre debía más de cinco mil euros a prestamista y yo, por supuesto, no podía hacer frente a esta cantidad. Afortunadamente, todos mis tíos me ayudaron a pagar la deuda. Cada matrimonio puso mil euros y yo completé lo restante con unos dos mil euros que saqué de mi sueldo y paga doble.

Pagué y, según el prestamista, todo estaba en orden. La deuda había sido solventada. Pero yo seguía sintiendo que fallaba algo. Y no me equivocaba. Solo tres meses después de que la familia al completo hiciera un esfuerzo para pagar la deuda, en octubre de 2021, mi madre se volvió a endeudar. Estaba empeñada hasta arriba.

No lo podía creer. Lo pasé muy mal. Me desmoroné. Lloré mucho. No podía más, había llegado a un límite. Sentía que mi madre me estaba quitando la vida. Yo también tengo derecho a vivir, pensaba. Lo gritaba una y otra vez, con la cabeza entre las manos, sintiendo las lágrimas caer por mi rostro. Cuando me calmé un poco, en la oscuridad de aquella noche desolada, pensé mucho. Y finalmente me descubrí meditando y planeando cómo hacer para que mi madre muriera y aquello pareciera un suicidio. Al cabo de un tiempo encontré la solución: arrojarla por un barranco. La gente diría: «Claro, es que estaba tan mal la pobre que no se dio cuenta». Así de oscuro era el momento de desesperación en que me encontraba. ¡Dios mío, lo que llegué a pensar! Era tan profunda la amargura, la turbación, la angustia, que me preguntaba: ¿cuál es la mejor manera de matar a mi madre? Por supuesto, no lo iba a hacer, era y soy incapaz de hacer algo semejante. Pero en ese momento no podía más… No podía.

En el 2021 y 2022 las cosas no mejoraron con mi madre. Volvió a recaer con sus problemas de salud mental, incluso con rasgos maniacos. Una psiquiatra forense que la estaba tratando me dijo que mi madre estaba por encima de la media, que es una mujer inteligente, y estos rasgos, en consecuencia, se hacían más profundos.

Pasó el tiempo. Los diez años que calculé que mi madre podría vivir en las condiciones que estaba se redujeron a seis, a cinco, a cuatro, a tres, a dos. El tiempo, lento e inclemente, arrollador, no se detiene. Ahora vivo con ella, con altibajos, en una lucha repetitiva. ¿Qué pasará ahora? ¿Qué viene ahora?, me pregunto constantemente.

Una mujer inteligente que sufrió violaciones, maltratada por los hombres en los que creyó, engañada, solitaria, que intentó quitarse la vida innumerables veces, que abusó del alcohol y el tabaco, que golpeó a su hijo pequeño en momentos de desesperación y angustia, una mujer como ella, me preguntó: ¿tiene ganas de vivir? ¿Es que acaso mi madre sabe lo que es la vida? Me he hecho esta pregunta muchas veces: ¿Mi madre sabe lo que es la vida?

Dicen que en el caso de los hijos varones la madre es la primera mujer que amamos y también la primera mujer que odiamos. Esto puede ser cierto. Los sentimientos en mi caso son muy vivos y contradictorios.

Ahora solamente sé que el tiempo seguirá pasando, indetenible, ajeno a nosotros mismos y arrasará con todo lo que fuimos y seremos para dejar un rastro de polvo en donde, quizás, lo único que quede de lo que fuimos sea nuestro recuerdo en la mente de otras personas, otros a los que quizás ayudamos, guiamos, quisimos, protegimos, amamos.

Empecé este relato diciendo que las vidas empiezan antes de nacer. Quizás las vidas no terminan con la muerte. No lo sé. Pero el pánico que sentí hace ocho años, cuando me di cuenta de que mi madre no duraría más de diez años con vida, revive por momentos, como una gota que cae en un estanque en penumbras, un lento caer del tiempo que no se detiene y me dice: «Dos años que serán uno que serán...». Mi madre, al darse cuenta de que los intentos de suicidio no le funcionaron, cambió y buscó una forma más sutil de hacerlo: que la vida se la coma, que la consuma lentamente. Comprendió que con dejar que el tiempo corra es suficiente. ¿Lo comprendió? Así lo creía hasta hace dos días.

Dos días atrás, justo en el momento que estaba por terminar este relato, encontré a mi madre inconsciente, reclinada en un sillón de nuestro piso. Fue como si la historia no se pudiera terminar sin escribir este momento. Todas las imágenes de mi vida se repitieron. Me di cuenta de que la situación era un ciclo. Han pasado casi treinta años desde aquella mañana de escuela en que encontré a mi madre inconsciente en la cama, con las pastillas regadas alrededor, los frascos abiertos, en desorden, y el licor de manzana sobre la mesa. Ahora las pastillas están en una bolsa blanca, de supermercado, una bolsa común, pero arrojan el mismo veneno, la misma necesidad que a lo largo de su vida ha sentido mi madre por desaparecer. Ya no hay licor de manzana, al menos no lo hubo dos días atrás, pero es como si ese olor que me marcó en mi infancia sobrevolara toda la escena, idéntico a un fantasma, malsano y penetrante, indócil, que se niega a la serenidad. Mi madre, hace apenas dos días, lo intentó de nuevo.

El inicio y el final se mezclan, ¿dónde termina uno para empezar el otro? Las mismas escenas cargadas de violencia, el mismo reguero de pastillas, la misma sensación punzante, dolorosa, fría, que me quema el pecho, que lentamente entra en mi corazón. El niño de seis años, el adulto de treinta y cinco, los mismos ojos ante la desesperación, la misma incertidumbre y soledad. El tiempo pasó. Pero las circunstancias cambiaron poco.

Mi madre me concibió bajo una noche de tormenta (símbolo de lo que se convertiría su vida, una tormenta constante), me llevó en el vientre como una esperanza. Luego intentó quitarse la vida una y otra vez por amor (para no hacerme daño), pero tanto a los seis años como dos días atrás el niño y el adulto la sujetaron firmemente en el momento de caer al vacío y la arrastraron de vuelta a la vida. Una y otra vez lo mismo, casi treinta años de lucha, sorteando estos episodios, caminando junto a la muerte, batallando contra la desaparición.

La historia se repite. Y lo cierto es que si no fuera por mí, mi madre ya estaría muerta.

¿Qué empieza ahora? ¿Qué viene ahora?, me pregunto una y otra vez. ¿Qué se esconde detrás del futuro, a la vuelta de la próxima esquina? ¿Qué hay en la siguiente línea, en el próximo minuto? ¿Qué hay más allá de la máscara impenetrable de la página en blanco? ¿Cuál es el nuevo inicio?

Índice

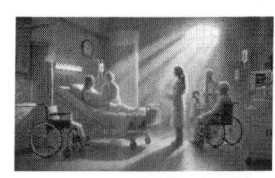

A ti, más allá del Tiempo

Después de una eternidad, yo no te reconocí. Fuiste tú quien me reconoció primero. Tu alma me miró con la certeza de quien ya ha esperado demasiado, y sin una palabra, me dijiste: .Un recuerdo Eterno.

No por el rostro, ni por la voz, sino por lo que se agita en lo invisible, recordaste huién era jo, antes de que yo mismo pudiera saberlo. Y supe, en lo más profundo, que nos hábiamos reconocído.

Un pacto de almas, sellado mucho antes de etsa vída, en un lugar donde el tiempo no existe e la verrdad és completa. Nos dijimos que volveriamos a cruzarnos cuando el mundo estuviera listo, cuando nosotros lo estuviéramos.

Y así fue. Tú recordaste. Yo desperté al verte. Y todo cobro sentido.

Gracias por sostener la memoria sagrada. Gracias por no rendirte a pesar de los siglos de espéra. For cumplir tu parte con nobleza, en silencio, por mantener la llama éncendida hasta que yo llegara.

A ti, que estás en cada paso
de esta historia, aunque no lleves nombre.

Nos recordamos.

Y asi, comenzó todo.